Aladin

et la lampe merveilleuse

Adaptation en français fondamental
d'après le texte arabe et les traductions
de GALLAND et de BURTON

par P. de BEAUMONT

HACHETTE
26, rue des Fossés-Saint-Jacques 75005 Paris

CARTE D'IDENTITÉ

Titre	*Aladin*
Auteur	*Adaptation de P. de Beaumont*
Série	*Récits*
Age des lecteurs	*8 à 14 ans*
Nombre de mots	*Environ 800*

● « *Aladin et la lampe merveilleuse* » *est écrit en français facile. Pour le lire,* il faut savoir les 700 à 800 mots les plus employés de la langue française. *(Ils se trouvent dans la liste du « Français fondamental 1er Degré ».) Les rares mots du livre qui ne sont pas dans cette liste sont expliqués très simplement en bas de page. Exemples :*

Esclave : autrefois, personne achetée par une autre;
La poésie (mot du français fondamental), le poète.

● *Si vous ne connaissez pas une expression, si une phrase ne vous semble pas claire,* regardez à la fin du livre page 76, « Qui cherche trouve ». *Cherchez et, très vite, il n'y aura plus de difficultés pour vous.*

Référence des illustrations :
Air-France ; Almazy ; Fotogram ; Hachette ; I.P.N. ; J. Suquet; Rapho; Valoria-Films; A. Varda.

ISBN 2-01-000078-1

PRÉFACE

« *Aladin et la lampe merveilleuse* » *est un des contes les plus célèbres de la littérature mondiale. Les actes les plus ordinaires de la vie y sont pris pour thèmes, et sans cesse l'action rebondit. Plus que d'autres, ce récit présente donc des caractères utiles à l'enseignement d'une langue. Reste encore qu'il soit écrit dans un style simple, au vocabulaire restreint.*

Les phrases sont courtes. Les deux premiers tiers de l'ouvrage ne comprennent pas d'incidentes, de propositions subordonnées, de conjonctions, de pronoms relatifs. Les temps employés sont, au début, les seuls présent, passé composé et futur. Le conditionnel et l'imparfait n'apparaissent qu'exceptionnellement.

Toutes les restrictions et toutes les interdictions qu'il s'est imposées n'ont pas empêché l'auteur de réaliser l'œuvre qu'il avait conçue sans pour cela que l'effort paraisse. C'est toujours le mot juste qui tombe sous sa plume. Le premier livre de notre collection correspond donc bien aux buts que la librairie s'est fixés : mettre à la disposition de tous des ouvrages en excellent français qui permettent une lecture presque immédiate pour un débutant et qui facilitent avec ou sans maître l'accélération de l'acquisition de la langue française.

1. CHARIAR ET CHÉHÉRAZADE

Le roi d'Iran[1] *est le terrible Chariar. Il tue toutes ses femmes. Les parents de toutes les jolies filles d'Ispahan*[2] *ont peur. Mais une de ces filles sait de belles histoires. Elle pense : « J'amuserai ce roi. »*

Ils se marient, et, toutes les nuits, Chéhérazade parle. Le roi écoute. Les nuits et les jours passent. Mais la six cent et unième nuit il pense : « Sûrement, elle n'a plus rien à raconter. Demain je la tuerai elle aussi. »

Chéhérazade lit en lui et se dit : « Il n'y a pas de temps à perdre. » Elle ajoute à haute voix :

« O roi, je sais encore beaucoup d'autres histoires intéressantes.

— Que dis-tu, répond le roi ? Est-ce possible ?

— Mais oui, et je parlerai d'abord de « la lampe merveilleuse[3] *».*

— Je ne connais pas cette lampe.

1. Pays d'Asie. — 2. Ville d'Iran. — 3. Une chose merveilleuse est une chose étonnante et très belle.

— C'est la lampe d'Aladin. »

Chéhérazade n'attend pas la réponse du roi. Elle commence ainsi :

« Alors, il y a en Chine[1] une très vieille et très belle ville. Un enfant, appelé Aladin, vit dans cette ville. Cet enfant vient d'avoir dix ans et son père veut lui faire apprendre un métier. Malheureusement cet homme est pauvre; il ne peut pas payer des études. C'est un tailleur et il peut seulement montrer à se servir d'une aiguille et de ciseaux.

Aladin n'est pas un bon enfant. Il a pris l'habitude de jouer avec les mauvais garçons du quartier. Il ne veut pas rester toute la journée à la maison. Il ne veut pas travailler. Il veut courir dans les rues et jouer avec ses amis. Son père est triste d'avoir un pareil fils. Il se met en colère. Il crie. Il ne dort plus. Il tombe malade Il meurt.

Cette mort ne change pas Aladin. Il continue à ne rien faire. La mère doit vendre les outils, puis le magasin du père. Avec l'argent reçu, elle vit pendant quelque temps. Mais bientôt, elle n'a plus rien et elle doit tricoter jour et nuit.

Aladin, lui, n'a plus peur de personne. Il dort et mange à la maison, mais il passe tout le reste du temps dans la rue. La pauvre et malheureuse mère se fatigue. Elle est triste et pleure de plus en plus souvent; mais, en même temps, elle est heureuse. Son fils grandit. A quinze ans, c'est un beau garçon, bien fait. Ses yeux sont grands et noirs. Il a la peau douce et claire.

A ce moment, le jour se lève et Chéhérazade se tait.

1. Pays d'Asie.

2. LE DERVICHE AFRICAIN

La six cent deuxième nuit tombe. Le roi Chariar demande à la jeune femme de continuer. « Avec amour et joie », répond-elle.

Un jour, Aladin joue au milieu de la place, près du marché, avec ses amis, les mauvais garçons du quartier. Un derviche[1] passe. Il vient du fond de l'Afrique[2]. C'est un savant[3] et un poète[4]. Le soleil est son maître. Il parle la nuit aux habitants de la lune et des étoiles. Il peut

remuer les montagnes. Il peut... Mais il regarde les enfants longtemps, longuement. Tout d'un coup, il aperçoit Aladin. Il ne voit plus que lui. Il prend par le bras un des camarades de celui-ci. Il l'emmène au coin d'une rue. Il lui montre Aladin. Il lui demande le nom

1. Homme savant en pays musulman. — 2. Partie du monde. — 3. Savoir, un savant. — 4. La poésie, le poète

de cet enfant, celui de son père, de sa mère. Alors seulement, il avance, sourit à Aladin et lui dit : « N'es-tu pas Aladin, le fils du tailleur Mustapha ? — Oui, je le suis, répond l'enfant. Mais mon père est mort depuis longtemps. »

Le derviche prend l'enfant dans ses bras, l'embrasse et pleure. « Pourquoi pleurez-vous, demande Aladin étonné ? Et comment savez-vous le nom de mon père ? — Ah ! répond le derviche, je suis ton oncle et tu viens de m'apprendre la mort de mon pauvre frère, ton père ! »

Le derviche s'arrête. Il ne peut plus parler. Enfin, il ajoute : « O Aladin, je n'ai pas vu ton père depuis ta naissance, mais je t'ai reconnu tout de suite. Le sang reconnaît le sang. C'est la loi. Ah ! mon pauvre frère, je ne pourrai pas t'embrasser encore une fois ! Ah ! vraiment ! nous sommes dans les mains de Dieu. » Il tire dix pièces d'or de sa ceinture, les met dans les mains de l'enfant et lui demande : « Où habite donc ta mère, la femme de mon frère ? »

Aladin croit cet homme. Il le prend par la main, le conduit au bout de la place, lui montre le chemin de sa maison et dit : « C'est par là. — Merci, répond le derviche. Je saurai trouver la maison. Donne les dix pièces d'or à ta mère. Je viendrai demain la saluer. » Aladin court chez lui. Il entre et crie : « O mère, mon oncle est revenu. Il arrive d'Afrique. Il te salue. »

La mère est très étonnée de voir Aladin rentrer à la maison avant l'heure d'un repas et elle lui répond : « Te moques-tu de moi ? Quel est cet oncle ? — Comment ma mère, répond Aladin, comment peux-tu me demander cela ! C'est le frère de mon père. Il m'a serré contre son cœur. Il m'a embrassé et il a pleuré. » La mère regarde son fils. Elle va répondre; mais l'enfant pense déjà à autre chose. Et puis, il est près d'elle, et c'est déjà beaucoup.

Le lendemain[1] matin, au lever du soleil, Aladin sort. Il retrouve ses amis habituels sur la place. Le derviche le cherche, vient à lui, lui prend la main, l'embrasse, tire deux pièces d'or de sa ceinture et dit : « Va trouver ta mère et dis-lui : « Mère, voilà de l'or. Prépare un bon repas. Mon oncle dînera ce soir avec nous. »

A ce moment, le jour se lève et Chéhérazade se tait.

3. LE DÎNER

La six cent troisième nuit tombe. Le roi Chariar demande à la jeune femme de continuer. « Avec amour et joie », répond-elle.

Aladin revient chez lui. Il répète à sa mère les paroles[2] de l'Africain, et, cette fois-ci, il lui donne les deux pièces d'or. La mère les regarde, les fait sauter dans sa main et dit : « C'est bien de l'or!... Je n'ai peut-être pas connu tous les frères de mon mari. »

Elle s'habille et va au marché. Elle achète les provisions nécessaires pour un bon repas. Elle revient le préparer. Elle fait la cuisine toute la journée. Vers le soir, on frappe à la porte. Aladin ouvre. C'est le derviche. « Bonsoir, ô femme de mon frère! » dit-il. Puis il ajoute : « Ma sœur, tu dois t'étonner de ne pas me

1. Demain, le lendemain. — 2. Parler, une parole.

connaître. Mais j'ai quitté ce pays depuis près de quarante ans. J'ai traversé alors les pays arabes. Longtemps, j'ai vécu au Caire, la plus grande ville d'Égypte[1]. Puis je suis reparti. J'ai traversé le Moghreb[2]. Enfin, je me suis arrêté, et là, au fond de l'Afrique, j'ai vécu vingt ans... Mais, un jour, j'ai eu envie de revoir un homme de mon sang. J'ai pensé à mon frère. Une nuit, je me suis levé et j'ai dit : « Pars ! Tu dois revoir ton seul bien au monde, ton frère bien-aimé. Tu es riche et peut-être il est pauvre. Tu dois partager tes biens avec lui... » Le voyage a été long et j'ai traversé beaucoup de dangers. Mais Dieu a conduit mes pas. Il m'a aidé à rencontrer cet enfant. Je le vois jouer et au même moment je reconnais mon sang. Alors, j'oublie ma fatigue. Mais, ô malheur ! il m'apprend la mort de mon frère. Ah ! la terrible nouvelle ! »

Le derviche continue longtemps ainsi. A la fin, la mère d'Aladin pleure, elle aussi. Alors l'homme se tourne vers l'enfant. « Et toi, mon fils, lui demande-t-il, comment aides-tu ta mère ? Quel travail sais-tu faire ? Quel est ton métier ? »

Aladin baisse la tête pour la première fois de sa vie. Il regarde le sol et n'ose répondre. Sa mère parle pour lui : « Un métier pour Aladin ? un travail ? Mais il ne sait rien faire et il ne fait rien. Jamais on n'a vu un enfant pareil ! Toute la journée, il court avec les autres enfants du quartier, de mauvais enfants comme lui. Ah oui ! je peux le dire, son père est mort par sa faute ! Et maintenant je dois travailler jour et nuit. Ma santé est mauvaise. Je ne vois plus clair. Mes yeux sont usés. Et lui, Aladin,

1. Pays d'Afrique. — 2. L'Afrique du Nord.

que fait-il ? Il joue. Il ne rentre qu'aux heures des repas. Ah ! souvent j'ai pensé lui fermer la porte de la maison et l'obliger à chercher du travail. Mais je n'ai pas le courage. Je deviens une vieille femme. Mes épaules, mes doigts sont fatigués. Je ne pourrai plus travailler longtemps. Ah, Aladin ! Aladin ! » Elle pleure de nouveau.

Alors l'Africain regarde Aladin. « J'apprends de tristes choses, dit-il. Mon fils, pourquoi vis-tu ainsi, toi, un homme et un fils de bonne famille ? Comment laisses-tu travailler seule ta pauvre mère, une femme âgée ?... Voyons, que veux-tu faire ? Il y a de nombreux maîtres dans notre ville. Je peux t'aider à apprendre un métier. »

Mais Aladin reste la tête baissée et ne répond pas. Il ne veut pas travailler de ses mains. Alors le derviche lui dit : « O Aladin, j'ajouterai ceci : Montre-toi sérieux, et j'ouvrirai une belle boutique au marché pour toi. J'achèterai les tissus les plus chers, les soies les plus belles. Tu deviendras l'ami des plus riches marchands. Tu porteras de beaux habits. » Aladin pense à des vêtements de soie, à des ceintures de fils d'or. Il lève la tête. Il regarde le derviche dans les yeux. Il sourit.

A ce moment, le jour se lève et Chéhérazade se tait.

4. DES VÊTEMENTS D'OR

La six cent quatrième nuit tombe. Le roi Chariar demande à la jeune femme de continuer. « *Avec amour et joie* », *répond-elle.*

Aladin est intéressé. Le derviche le comprend. « Demain, ajoute-t-il, je t'emmènerai au marché. Nous commencerons par choisir une belle robe[1]. Après, je t'achèterai une grande boutique. »

La mère d'Aladin ne dit rien; mais elle remercie Dieu de lui envoyer un parent riche et bon. Aussi elle sert le repas gaiement[2]. Aladin pose beaucoup de questions. Le derviche répond. Tard dans la nuit, il se lève, dit au revoir et promet de revenir.

Le lendemain, de bonne heure[3], on frappe à la porte. C'est le derviche. Aladin court à lui. Ils partent au marché. Ils entrent dans la boutique du plus grand marchand de la ville. Le derviche demande une robe pour Aladin. On en apporte une. Le derviche ne la trouve pas assez belle. « Choisis toi-même, mon fils », dit-il. Aladin en prend une de soie verte. Il prend aussi un turban[4] rouge cousu de fil d'or, une ceinture et des souliers de la même couleur. Le marchand les enveloppe. Le derviche paie. Il donne le paquet à Aladin et dit : « Allons au bain. »

Ils arrivent, se baignent. Puis Aladin laisse ses vieux vêtements. Il met la belle robe verte. Il roule le turban

1. Les Musulmans, souvent encore maintenant, portent des robes. — 2. D'une manière gaie. — 3. De bonne heure : tôt. — 4. Pièce de tissu roulée autour de la tête.

sur sa tête. La ceinture est à sa taille. Les souliers de cuir rouge sont à ses pieds. Il ressemble à un fils de roi. « Tout cela n'est que le commencement », lui dit le derviche.

Ils sortent du bain, vont dans la partie la plus riche du marché, entrent dans les plus beaux magasins. Le derviche fait toucher à Aladin les tissus les plus épais, les plus lourds, les plus chers. Il lui apprend leurs noms, leurs prix. Il présente Aladin aux marchands, ses amis, et dit : « C'est le fils de mon frère. Venez avec nous. Je veux donner un grand déjeuner. »

Le déjeuner ne finit que le soir. Le derviche se lève. Aladin lui prend la main. Ils arrivent bientôt à la maison. La mère ouvre la porte. Elle voit son fils et pousse un cri. « Comme il est beau, dit-elle! O frère de mon mari, comme je te remercie[1]! — Aladin est mon fils, répond l'Africain. Lui donner quelque chose, c'est donner une pensée[2] à mon pauvre frère. — Je prie Dieu, dit la mère, je prie Dieu de te garder en vie. Continue à aider Aladin et à le tenir comme le petit oiseau sous l'aile de sa mère. Tu n'as qu'à commander. L'enfant obéira. »

A ce moment, le jour se lève et Chéhérazade se tait.

5. AU PIED DE LA MONTAGNE SOMBRE

La six cent cinquième nuit tombe. Le roi Chariar demande à la jeune femme de continuer. « Avec amour et joie », répond-elle.

Toute la nuit, Aladin rêve. Il dort peu, se lève tôt et met ses nouveaux habits. Sa robe est un peu longue, mais elle lui va bien. Il se regarde dans une glace, se trouve beau... Il sort, le derviche n'est pas dans la rue. Il marche de long en large. Il ne peut attendre. Il va jusqu'à la place. L'homme n'est pas encore là. Enfin, le voilà! Aladin court à lui comme un jeune cheval. Le derviche l'embrasse. Il lui dit d'aller prévenir sa mère de leur départ... Puis ils s'en vont tous deux, la main dans la main.

1. Je te dis merci. — 2 Penser, une pensée.

Ils passent les portes de la ville. Pour la première fois de sa vie, Aladin voit de très beaux jardins. Des fleurs de toutes les couleurs entourent des maisons aux belles fenêtres. Il regarde de tous ses yeux. Mais l'Africain va tout droit. Il ne s'arrête pas. Aladin commence à trouver le chemin long et à se fatiguer. D'abord, il n'ose pas le dire, mais, à la fin, il demande : « Mon oncle, marcherons-nous encore longtemps ? Il n'y a plus rien à voir. Nous avons passé le dernier jardin. Voyez, il y a une montagne en face. Et puis j'ai faim. N'avez-vous pas quelque chose à me donner à manger ? » L'Africain sort des fruits de sa ceinture. « Mange, dit-il, puis nous repartirons. Courage ! Tout près d'ici, il y a un endroit merveilleux. »

Tout d'un coup ils arrivent au fond d'une vallée, au pied de la montagne, une montagne haute, sèche, pierreuse[1], sombre. L'endroit est terrible : pas d'arbres, pas de fleurs, pas d'herbes, une grande ombre seulement et le silence. Un moment passe. Enfin le derviche se tourne vers l'enfant : « Mon fils, c'est ici que j'ai voulu venir. » Il dit et s'assied sur une pierre. « Sois heureux Aladin, continue-t-il. Tu vas voir le plus beau des jardins de la terre. Alors tu oublieras ta fatigue et tu remercieras Dieu de m'avoir rencontré. »

Le derviche se tait. Il regarde droit devant lui. Ses lèvres remuent. Aladin, lui, se repose et se demande : « Un jardin ! dans une vallée sans eau ? au pied d'une montagne couverte de pierres ? Cela n'est pas possible. »

L'Africain sort enfin de son rêve. « Lève-toi, commande-t-il. Ramasse des morceaux de bois ou des herbes sèches

1. La pierre, pierreux.

et apporte-les-moi. » Aladin a beaucoup de peine à en trouver. Enfin un tas est prêt. Il le pose sur une longue pierre plate. « C'est bien ainsi, dit le derviche. Maintenant, viens derrière moi, n'aie pas peur et obéis. » Il se lève, met la main à la ceinture. Il en tire deux pierres noires. Il se penche vers les herbes sèches, frappe les deux pierres. Le feu prend. Des flammes montent.

De sa poche, l'homme tire une petite boîte. Il l'ouvre. Il y a de la poussière blanche au fond. Avec deux doigts, il en jette au milieu du feu. Une épaisse fumée monte. L'Africain parle dans une langue inconnue[1]. Alors, on entend un bruit terrible. La pierre casse. Quelque chose remue dans la montagne. Des pierres roulent. Le sol s'ouvre. Un trou profond paraît. Un escalier descend. En bas, au fond, on voit une grande pierre noire et rouge. Aladin pousse un cri[2], prend le bas de sa robe d'une main, tourne le dos et se sauve, jambes au vent[3].

A ce moment, le jour se lève et Chéhérazade se tait.

1. Connaître, connu, inconnu. — 2. Crier, cri, crier une seule fois. — 3. L'enfant a remonté sa robe et on voit ses jambes.

6. DE LA LAMPE AUX FRUITS DE PIERRE

La six cent sixième nuit tombe. Le roi Chariar demande à la jeune femme de continuer. « Avec amour et joie », répond-elle.

Les yeux du derviche lancent des éclairs. Il court après Aladin, le rattrape. D'une main, il prend une des oreilles de l'enfant et tire de droite et de gauche. De l'autre main, il le frappe au visage avec force. Enfin, il s'arrête, relève[1] l'enfant et lui dit d'une voix douce : « Aladin, tu dois apprendre à te conduire comme un homme et à m'écouter en tout. C'est pourquoi je t'ai frappé. Je suis le frère de ton père. Ne l'oublie jamais. » Il continue d'une voix plus douce encore : « Tu vas apprendre et voir des choses merveilleuses, et tu oublieras bien vite les coups reçus. »

Aladin l'entend encore parler à son oreille : « Là, derrière la pierre rouge et noire, au fond du souterrain[2], il y a un trésor[3]. Il est à toi depuis toujours. Bientôt tu seras plus riche que le plus riche des rois. Mais écoute bien. Toi seul peux ouvrir cette pierre. Moi-même, je peux beaucoup, tu l'as vu, mais je ne peux pas descendre, ni toucher la pierre, ni entrer. Toi, tu le peux. Obéis et tu seras le maître du souterrain, le maître de l'or et du trésor. Nous le partagerons. Tu garderas une part, je prendrai l'autre. »

Alors, Aladin oublie la fatigue et les coups. « O mon oncle, dit-il, commandez et vous serez obéi. » L'Africain le prend dans ses bras, l'embrasse et ajoute : « Aladin,

1. Lever, relever. — 2. Chemin sous terre. — 3. Or, argent ou pierres rares cachés.

tu es plus cher pour moi qu'un fils. Aussi, je te laisserai tous mes biens. C'est donc déjà pour toi que je travaille. N'attends donc plus. Va! Arrivé devant la pierre, pose sur elle ta main, à gauche, et pousse. »

Aladin descend. Il arrive devant la pierre. Alors, il se retourne et demande au derviche : « Comment vais-je faire, ô mon oncle? Je ne peux pas remuer une pierre aussi lourde. Je ne suis qu'un jeune garçon et je n'aurai sûrement pas la force voulue. Venez m'aider. — C'est impossible, répond le derviche. Allons! pousse! La pierre tournera comme une plume sous ta main. Seulement, en même temps, n'oublie pas de dire le nom de ton père et celui de ton grand-père. »

Alors, Aladin avance. Il pose la main sur la pierre et dit : « Je suis Aladin, fils de Mustapha le tailleur, fils lui-même du tailleur Ali. » La pierre remue, tourne sur elle-même. Au-dessous, un escalier de pierres vertes apparaît. Dans l'ombre, au fond, des clous d'argent brillent[1] sur une porte rouge.

D'en haut, le derviche regarde avec des yeux agrandis[2].

« Aladin, dit-il d'une voix sèche, Aladin, descends cet escalier. En bas, la porte rouge s'ouvrira d'elle-même devant toi. Continue. Tu entreras dans une grande salle coupée par de petits murs en quatre parties. Dans chacune de ces parties, tu trouveras quatre grandes cuvettes remplies de poussière ou de pièces d'or. Passe; mais fais bien attention. Ne touche pas le bord de ces cuvettes, même avec ta robe.

« Tu traverseras d'autres salles, toutes remplies d'or, d'argent ou de statues[3]. Ces statues, ne les regarde pas

1. Jeter, renvoyer de la lumière. — 2. Devenus plus grands. — 3. Pierre, bois ou métal représentant une personne.

ou alors tes yeux se videront, tes cheveux brûleront, ta peau tombera. Baisse les yeux et passe.

« Au fond de la quatrième salle, tu rencontreras une porte à gros clous, pareille à celle de l'entrée[1]. Elle s'ouvrira, elle aussi, devant toi. Tu entreras, et tout à coup, tu te trouveras dans un jardin planté d'arbres. Ces arbres plient sous le poids de fruits de toutes les couleurs. Ne t'arrête pas. Traverse et arrive à un escalier. Monte.

« En haut, en face de toi, tu verras une lumière très douce et très forte à la fois. C'est une lampe, sur une pierre noire, dans un mur. Elle n'est pas allumée, mais elle brille. Tu avanceras. Tu prendras cette lampe. Elle s'éteindra. Après, mais après seulement, tu la cacheras sous ta robe, contre ta poitrine. N'aie pas peur de te salir. L'huile n'est pas de la vraie huile, mais une eau d'une nature inconnue.

« Alors, reviens par le même chemin. Dans le jardin, quelques fruits te plairont. Prends-en, mais dépêche-toi. Fais bien attention de ne pas toucher les cuvettes d'or. Relève ta robe. La porte de l'entrée se rouvrira[2] devant toi. Arrive, donne-moi la lampe, et nous aurons entre les mains toutes les richesses[3] du monde. »

L'Africain se tait. Sa poitrine monte et descend. Il parle avec difficulté[4]. Puis, il prend dans sa poche une pierre couverte de dessins, tenue par un morceau de métal gris noir très lourd. Il la lance à Aladin. « Prends cet anneau[5], dit-il. Mets-le à un doigt. La pierre, et sur-

1. Entrer, une entrée. — 2. Ouvrir de nouveau. — 3. Riche, la richesse. — 4. Difficile, une difficulté. — 5. Objet de forme ronde, se passe à un doigt.

tout le métal, te défendront de tous les dangers. Tu ne dois plus avoir peur. Courage! Tu n'es plus un enfant, mais un homme. Il ne peut t'arriver que du bien. La lampe nous donnera richesse et bonheur[1] pour toute la vie. Seulement, encore une fois, Aladin, fais bien attention, ne touche pas l'or des cuvettes, ne prends pas trop de pierres, ne regarde pas les grandes statues, ou alors tu es perdu et le trésor avec toi. Allons! Va! »

A ce moment, le jour se lève et Chéhérazade se tait.

7. DANS LE SOUTERRAIN

La six cent septième nuit tombe. Le roi Chariar demande à la jeune femme de continuer : « Avec amour et joie », répond-elle.

Aladin descend l'escalier souterrain. Il entre dans la première salle. Il voit les cuvettes. Il relève sa robe au-dessus de sa ceinture et passe entre elles. Il arrive devant la première porte. Elle s'ouvre.

L'enfant n'oublie rien. Il traverse les salles et ne regarde pas les visages de pierre. Il arrive devant la dernière porte. Elle s'ouvre, elle aussi, et le voilà dans le jardin. Jamais homme n'a rien vu de pareil; mais il regarde à peine. Au-dessus de lui, en haut d'un escalier sombre, la lampe brille dans un mur. Il monte vers elle, et son cœur frappe à grands coups dans sa poitrine. L'escalier lui paraît bien long. Enfin, il arrive, tend la main, prend la lampe, la retourne. L'eau coule sur le

1. Contraire de malheur.

sol. La lampe est sèche en une minute. Il la cache sous sa robe, contre sa poitrine. Puis il descend l'escalier et entre de nouveau dans le jardin.

Tout heureux, il s'arrête et regarde les arbres. Maintenant, il en remarque les fruits et il est émerveillé[1]. Ces fruits sont gros, lourds. Les branches plient sous leur poids. Certains sont blancs comme des balles de verre. D'autres ressemblent à de grosses gouttes de lait. D'autres encore ont la couleur du sang, d'autres encore celle d'une prairie au printemps, de boutons d'or ou du ciel le plus bleu. Tous semblent brûler et ils lancent mille éclairs.

Aladin prend l'un d'eux. Il veut le manger et mord. Le fruit est dur. « Ce ne sont que des morceaux de verre », pense-t-il. Mais il les trouve beaux et il prend plaisir à les toucher. Chacun lui semble plus doux que l'autre. Il en prend pour lui, pour sa mère et pour ses camarades. Il en met dans sa ceinture, dans ses poches, sous sa robe, contre sa poitrine avec la lampe. Enfin, il replie sa robe et la remplit.

Il marche avec peine et doit tenir sa robe à deux mains. Il n'oublie rien. Il passe entre les dangereuses cuvettes, devant les terribles statues et arrive devant la porte. Elle s'ouvre seule. Il monte l'escalier. Enfin, voilà le ciel.

Penché au-dessus du trou, le derviche attend. Son cœur bat. Il se demande pourquoi l'enfant ne revient pas plus vite. « Ah! se dit-il, il veut garder la lampe pour lui seul. Peut-être cherche-t-il à se sauver! » Il ne peut plus attendre. Il devient fou de colère. L'arrivée[2]

1. Merveille, merveilleux, s'émerveiller.— 2. Arriver, une arrivée.

d'Aladin au bas du dernier escalier ne le tranquillise[1] pas. Il crie : « Où est la lampe? Où est la lampe? — Là, sous ma robe, dit Aladin tout heureux d'être sorti du dangereux souterrain. — Donne-la! Lance-la! — Je ne peux pas, mon oncle, répond l'enfant. Elle est passée derrière mon dos, et je tiens des fruits dans ma robe avec mes deux mains. Tendez-moi la main. Aidez-moi à sortir du trou. Il me sera facile alors de prendre la lampe et de vous la donner. »

L'Africain perd la tête. Il crie avec une voix terrible, pareille à celle d'une bête méchante : « O fils de chien, tu vas tout de suite me donner cette lampe ou mourir. » Aladin ne comprend pas les raisons de cette colère. Il a peur d'être frappé de nouveau. « Par Dieu! se dit-il, il vaut mieux attendre! » Il tourne le dos et rentre dans le souterrain.

A cette vue, l'Africain pousse de nouveaux cris. Il frappe le sol du pied, se roule par terre, tire les poils de sa barbe, se relève, regarde l'escalier et s'écrie : « Ah! mauvais enfant, malheur à toi! » Il court au feu. Il y jette un peu de la poussière blanche de sa boîte. Alors, la porte d'entrée du souterrain remue avec un grand bruit, tourne sur elle-même et revient à sa place première. La terre se referme. Le sol reprend sa forme ancienne. Les pierres sont là, comme avant. Les herbes remuent au vent. Seule l'ombre est un peu plus longue. Le mur de la montagne cache tout à fait le ciel. Aladin est enfermé[2].

A ce moment, le jour se lève et Chéhérazade se tait.

1. Tranquille, tranquilliser. — 2. Fermé à l'intérieur, dedans, muré.

8. MURÉ VIVANT

La six cent huitième nuit tombe. Le roi Chariar demande à la jeune femme de continuer. « Avec amour et joie », répond-elle.

O roi, je te l'ai dit, l'Africain est un derviche. Il n'est ni le parent ni l'oncle du jeune Aladin. Il vient du fond de l'Afrique. Oui, il est vraiment né en Afrique, ce derviche, en Afrique, le pays du merveilleux. Là, enfant, il a appris les lois du ciel, il a parlé aux habitants de la lune, la nuit, et, par eux, il a appris ceci : sur terre, un savoir, un trésor, peuvent donner tous les biens de ce monde. Alors il a étudié, il a cherché, et, enfin, il a su : le trésor est une lampe, et cette lampe se trouve dans un souterrain, dans le pays de Chine, près de la ville de Kolokotsé, celle d'Aladin.

Tout de suite, le derviche quitte l'Afrique, et bientôt le voilà en Égypte[1]. Puis, il traverse l'Asie et il arrive à Kolokotsé. Alors, les forces souterraines lui disent : « Le trésor et la lampe sont à quatre kilomètres au sud du palais[2] du roi, sous la montagne, au fond d'une vallée. » Elles ajoutent : « Depuis toujours, le livre du trésor est au nom d'Aladin, fils de Mustapha le tailleur. Seul cet enfant peut entrer dans le souterrain, ouvrir les portes de pierre et enlever la lampe. »

Voilà pourquoi l'Africain a cherché Aladin. Voilà pourquoi il lui a donné des pièces d'or, lui a acheté une belle robe, un turban et une ceinture de soie. Ainsi, il s'est fait aimer de la mère, et il a pu amener le fils jusqu'au souterrain et à la lampe. Malheureusement pour lui, il s'est mis en colère. Il a muré Aladin dans la montagne, et l'enfant va mourir de faim et de soif. Les habits déchirés, la barbe sale, la peau blanche de colère, le derviche s'en va! Où? Qui peut le savoir?... Sans doute vers l'Afrique, son pays. Une seule chose est certaine : nous le retrouverons.

Aladin, lui, au fond du souterrain, entend la terre se fermer. Il a peur d'être écrasé. Mais les murs tiennent bon. Il revient à l'entrée. La lourde porte de pierre et dix mètres de terre sont entre lui et le soleil. Il pousse des cris, appelle son oncle, et lui promet de lui donner la lampe tout de suite. Mais le derviche est déjà loin, et, de toute façon, il ne peut pas l'entendre.

L'enfant se rappelle alors ceci : l'homme l'a appelé « fils de chien ». Ce n'est pas un nom à donner au fils d'un

1. Pays du nord-est de l'Afrique, près de l'Asie. — 2. Belle et grande maison.

frère. Mais il l'oublie pour le moment. Il doit d'abord penser à sortir du souterrain, et il essaie de monter au jardin. La porte ne s'ouvre plus devant lui. La pierre ne remue même pas sous sa main. Alors il ne pense plus au trésor, à la lampe ou aux pierres. Il court comme un fou à la première porte et se jette contre elle. Il respire avec peine. Il se croit mort. Il pleure. Il n'est qu'un enfant.

Il vit ainsi pendant deux jours, courant d'un mur à l'autre, frappant, appelant, criant. Toutes les bontés[1] de sa pauvre mère lui reviennent à l'esprit et aussi toutes ses méchancetés à lui. Il se promet d'être gentil et travailleur. Le troisième jour il tombe de sommeil et de fatigue, demande l'aide de Dieu et roule à terre.

A ce moment, le jour se lève et Chéhérazade se tait.

9. LE RETOUR A LA MAISON

La six cent neuvième nuit tombe. Le roi Chariar demande à la jeune femme de continuer. « Avec amour et joie », répond-elle.

Aladin tombe, et la pierre aux curieux dessins, donnée par le derviche, frotte contre le sol. Malheureux derviche! Il ne l'a pas reprise! Il l'a oubliée! Il a fermé le souterrain derrière lui, et la pierre et le métal vont sauver la vie de l'enfant. Les derviches sont tous les mêmes. Ils sont tous pareils à cet Africain, leur frère. Ils voient très loin, plus loin que les autres hommes, mais ils ne voient pas tout près, comme vous et moi.

1. Bon, la bonté; méchant, la méchanceté.

Leur savoir, leurs pouvoirs sont grands; mais ils sont trop intelligents. Ils pensent à trop de choses difficiles. Ils n'appellent pas Dieu à leur aide[1], et ils marchent dans la nuit.

La pierre frotte donc le sol, et le métal lance un éclair. Une fumée remplit la salle. Une lumière tombe du plafond, et, grand comme un arbre, large comme un cheval, laid, un homme tout à fait noir paraît. Il a une grosse tête, de longs cheveux droits sur elle, des yeux rouges et brillants. Sa voix roule dans les salles comme le tonnerre. Il crie : « Ton esclave[2] est entre tes mains. Que veux-tu? Parle. Je suis le serviteur[3] du maître de la pierre et du métal! »

Aladin, nous l'avons vu, n'a pas beaucoup de courage. A aucun autre moment, en aucun autre lieu, il n'a eu aussi peur. Mais, dans ce souterrain, cet homme lui paraît un ami. Et puis, il se rappelle les paroles du derviche. La force de répondre lui vient. « Esclave du maître de la pierre et du métal, demande-t-il, aide-moi à sortir de ce trou. »

Il dit ces mots, et la terre s'ouvre. Il se trouve à l'air libre. Le soleil blesse ses yeux. Il doit les fermer pendant quelques minutes. Il les rouvre[4]; le Noir n'est plus là. Il cherche le derviche; il a disparu[5] aussi. L'escalier ne descend plus en terre. Le sol est plat. Des herbes sèches remuent sous un vent léger. Au loin, les jardins de la ville jettent leurs couleurs vertes.

Aladin est tout heureux d'être sorti du souterrain. Il remercie Dieu de l'avoir sauvé. Puis, il prend le chemin

1. Aider, une aide. — 2. Autrefois, personne achetée par une autre. — 3. Servir, un serviteur. — 4. Rouvrir, ouvrir de nouveau. — 5. Contraire de paraître.

de la ville et rentre chez lui. Il pousse la porte; mais il n'a plus de force et tombe sur le sol. Sa mère le voit couché devant elle. Elle a peur, mais elle ne perd pas de temps à pleurer. Vite, elle prend de l'eau et lui en jette sur le visage. Aladin se réveille et dit : « O ma mère, je n'ai pas mangé depuis trois jours. » Alors elle se lève et va chercher des œufs et des légumes à la cuisine. Elle les pose sur un plat, l'apporte à Aladin et dit : « Mange, mon enfant. Après seulement tu parleras! »

Bientôt Aladin a mangé et bu. « O ma mère, dit-il alors, pourquoi m'as-tu laissé entre les mains de ce méchant homme? Oui, j'en suis sûr, c'est un menteur[1]. Il ne m'a jamais aimé. Il ne travaille que pour lui. Il n'a jamais été un frère de mon père. Ne m'a-t-il pas appelé « fils de chien »? Chien lui-même, il a voulu me tuer deux fois. »

L'enfant s'arrête un moment, respire; puis, vite, raconte la promenade[2], les coups, la pierre, l'escalier, le souterrain, les portes, les cuvettes, les statues. Il montre la lampe et les fruits. Il y en a deux grands plats. « Voilà toute l'histoire, dit-il. Mon voyage dans le souterrain ne m'a rapporté qu'une vieille lampe et quelques morceaux de verre. »

Sa mère l'a écouté en silence. Mais alors elle serre son enfant contre sa poitrine et lui dit des mots bien doux. « Remercions Dieu, ajoute-t-elle. C'est lui qui t'a tiré des mains de ce derviche. Ah! tout cela est ma faute, ma faute à moi, ta mère. Je n'ai pas su lire dans les yeux de ce méchant homme. » Alors, elle prend Aladin de nouveau contre elle, l'embrasse et passe doucement la

1. Mentir, un menteur. — 2. Promener, une promenade.

main dans ses cheveux. L'enfant s'endort, la tête sur les genoux de sa mère.

A son réveil[1], le lendemain à midi, il demande de nouveau à manger. Mais il n'y a plus rien. « Tu as tout fini hier, lui dit sa mère, et je n'ai plus d'argent. Je vais aller vendre au marché un morceau de tissu. Je pourrai alors t'acheter quelque chose. — O mère, répond Aladin, garde ton tissu, et donne-moi la lampe. Je vais aller la vendre. On nous en donnera plus d'argent que du tissu. »

La mère d'Aladin se lève, prend la lampe et dit : « Tu as raison. Il faut la vendre. Mais je saurai mieux faire que toi. J'irai moi-même et, demain, je vendrai les morceaux de verre. Sans doute, ils ne valent pas grand-chose, mais ils ont de belles couleurs. »

A ce moment, le jour se lève et Chéhérazade se tait.

10. LE POUVOIR DE LA LAMPE

La six cent dixième nuit tombe. Le roi Chariar demande à la jeune femme de continuer. « Avec amour et joie », répond-elle.

La mère d'Aladin regarde la lampe. « Je vais d'abord la nettoyer, pense-t-elle. Ainsi je pourrai la vendre plus facilement. » Elle va à la cuisine, prend un chiffon et se met à frotter.

Alors, une lumière traverse la lampe. On entend un grand bruit. Les murs remuent. Au milieu d'une fumée épaisse, un homme noir paraît, large, lourd, gros, plus laid encore que l'Esprit du souterrain. Il est grand. Sa tête touche presque le plafond. Ses pieds sont longs comme le corps d'un gros chien. Il se penche en avant,

1. Se réveiller, le réveil.

ouvre une bouche aux dents blanches et sa voix fait un bruit de tonnerre. Il crie : « Ton esclave est entre tes mains. Que veux-tu ? Parle. Je suis le serviteur du maître de la lampe. »

La mère d'Aladin n'a encore jamais vu d'Esprit. Elle a peur. Sa bouche s'ouvre; mais sa langue ne peut remuer. Elle pousse un cri et cache son visage dans le matelas. Aladin, lui, a déjà vu un Esprit, moins laid peut-être, mais un Esprit quand même. Aussi, il ne perd pas la tête. Il avance, prend la lampe des mains de sa mère et dit : « Serviteur de la lampe, j'ai faim. Apporte-moi à manger de bonnes choses. — J'écoute et j'obéis », répond l'homme. Il disparaît et revient presque aussitôt. Il porte un large et long plateau[1] d'argent sur la tête. Douze plats d'or sont posés sur ce plateau. Ils sont remplis de viandes. Il y a aussi du pain plus blanc que neige, deux tasses d'argent et plusieurs verres de vin vieux. L'Esprit pose le tout devant le jeune homme et disparaît de nouveau.

Aladin appelle sa mère. Ils ont très faim, et les viandes sont très bonnes. On n'en trouve pas de pareilles même sur la table des rois. Ils prennent et reprennent de chaque plat. Ils s'arrêtent et recommencent. Ils parlent et mangent. Ils mangent et parlent. Longtemps, ils restent l'un à côté de l'autre. Mais la nuit vient. Alors, ils se lèvent, et la mère d'Aladin range les restes du repas dans l'armoire de la cuisine.

Pendant deux jours, Aladin et sa mère vivent de ces restes. Mais, le troisième jour, il n'y a plus rien. Aladin prend un des plats apportés par l'Esprit. Il le cache sous sa robe et va au marché essayer de le vendre. Comment peut-il en savoir la valeur[2] ? Il n'a jamais vu d'or. Il rencontre un juif[3]. L'homme pousse l'enfant dans sa boutique, le fait asseoir et lui demande : « Combien veux-tu de ton assiette ? — Tu sais mieux que moi son prix, répond Aladin. Je te croirai. » C'est une réponse adroite. Mais le marchand tire de sa poche une pièce d'or, et Aladin la lui prend dans la main. L'homme sourit. Le plat vaut deux cents fois la pièce.

1. Plat long et rond servant à porter des objets. — 2. Valoir, la valeur. — 3. Il y a des juifs, des chrétiens, des musulmans, etc.

Au bout de quelques jours, Aladin porte un autre plat au juif. Un à un, les douze plats d'or sont vendus. Il ne reste plus dans la pauvre maison que le plateau d'argent. Il est très lourd, et Aladin ne peut pas le porter. Il demande au marchand de venir le voir. Celui-ci est obligé d'en donner dix pièces d'or, et l'enfant et sa mère vivent heureux quelques semaines.

Malheureusement, de nouveau, ils n'ont plus rien, et Aladin doit frotter la lampe. L'Esprit paraît : « Je suis, dit l'Esprit, l'esclave de la lampe. Que veux-tu ? — Je veux, répond Aladin, un plateau pareil au premier. — J'écoute et j'obéis », dit l'Esprit. Il disparaît et revient aussi vite qu'il est parti. Dans ses mains, il tient un autre grand plateau d'argent couvert de douze plats d'or chargés de viandes et de verres de vin aux belles couleurs.

Le lendemain, Aladin prend de nouveau un plat, le cache sous sa robe, et va chez le juif. Mais, cette fois-ci, enfin, un vieux marchand, ami autrefois de son père, l'appelle. « Aladin, dit-il, je te vois passer bien souvent devant ma boutique. Tu portes toujours quelque chose sous ta robe. Tu entres chez mon voisin, puis tu en ressors. Tu as alors l'air heureux et tu ne caches plus rien. Tu as donc sûrement vendu quelque chose... Peut-être ne le sais-tu pas ? Pour certaines gens, tout est bon à prendre... Mais moi, tu me connais. Je ne te volerai pas. »

Aladin montre son plat, et le vieil homme comprend tout de suite sa valeur. Il le pèse et demande au jeune homme : « Est-ce le même que tu as vendu à mon voisin ? — Oui, c'est le même. — Quel prix t'en a-t-il donné ? — Une pièce d'or. »

A ce moment, le jour se lève et Chéhérazade se tait.

11. LA FILLE DU ROI

La six cent onzième nuit tombe. Le roi Chariar demande à la jeune femme de continuer. « Avec amour et joie », répond-elle.

« O Dieu, punissez les trompeurs[1] ! s'écrie le vieil homme. Ce plat vaut soixante-dix pièces d'or. Les voici. Elles sont à toi. Prends-les. » Aladin remercie. Il est tout heureux. Il croit le vieil homme et lui apportera les onze autres plats.

Sa mère et lui sont riches maintenant. Mais ils continuent à mener une vie simple. Aladin devient un garçon raisonnable[2]. Il ne joue plus avec les mauvais enfants du quartier, ses anciens camarades. Il va chaque jour au marché. Il s'assied à côté des marchands, des riches comme des pauvres. Il les écoute. Il est heureux surtout avec les marchands d'or et de pierres. Il les regarde travailler et bientôt il comprend : les fruits des arbres du jardin souterrain ne sont pas de simples morceaux de verre, mais des pierres rares. Pas un marchand de la ville n'en a d'aussi belles; il est plus riche qu'un roi.

Un jour, il est en train de parler avec ses amis les marchands. Des soldats passent. « Par ordre de notre maître tout-puissant, crient-ils, rentrez dans vos boutiques, fermez toutes les portes et les fenêtres ! La belle entre les belles, Boudr-oul-Boudour, la fille du roi, va au bain ! Malheur aux curieux ! Leur tête roulera de leur cou. »

1. Tromper, un trompeur. — 2. Raison, raisonnable.

Tout le monde obéit. Mais, Aladin, lui, a envie de voir cette Boudr-oul-Boudour, chantée par les soldats du roi. Une idée lui vient et il va se cacher derrière la porte de la maison de bain. Il n'attend pas longtemps. La voilà au milieu de ses femmes. Elle découvre[1] son

visage. O merveille! C'est pour une fille comme elle que le poète a écrit : « Ses yeux traversent les cœurs. — C'est au rose de ses joues que les roses des jardins prennent leurs couleurs. — Sa bouche est une source. Ses dents brillent. — Ses cheveux sont noirs comme la nuit. » Aladin la regarde et ne verra plus qu'elle. Elle est passée depuis longtemps. Mais il est encore là! Enfin, il se décide à rentrer. Arrivé chez lui, il tombe sur un lit et refuse de manger.

Le lendemain matin, sa mère lui apporte son petit déjeuner et lui demande : « Que t'est-il arrivé, mon petit? Es-tu malade? D'habitude, tu chantes comme un oiseau, mais, depuis hier, tu ne dis rien, tu ne me réponds même pas. — Laisse-moi », dit-il seulement.

1. Contraire de couvrir.

Aladin n'a jamais vu le visage d'une jeune fille. Pour lui, toutes les femmes ressemblent à sa mère. La beauté[1] de Boudr-oul-Boudour le frappe d'autant plus. Il ne veut pas parler. Il ne veut pas manger. Il ne veut que penser au front, aux yeux, au nez et à la bouche d'une jeune fille de quinze ans. Pendant plusieurs jours il ne sort pas, il ne parle pas, il ne se lève même pas. Il reste les yeux grands ouverts et regarde droit devant lui.

Sa mère finit par lui dire : « Tu dois être bien malade. Aujourd'hui même j'irai demander à un médecin de venir te soigner. » Aladin relève la tête et répond d'une voix triste : « O ma mère, je me porte bien et ne suis pas malade. Mais j'ai vu Boudr-oul-Boudour ! » Il ajoute : « Je l'ai vue et je ne peux plus penser qu'à elle. Elle m'aimera ou je mourrai. »

A ce moment, le jour paraît et Chéhérazade se tait.

12. LES FRUITS DE RÊVE

La six cent douzième nuit tombe. Le roi Chariar demande à la jeune femme de continuer. « Avec amour et joie », répond-elle.

La mère d'Aladin croit que son fils a perdu la raison. « Tu es devenu fou, dit-elle ! — Je ne suis pas fou, répond-il. Je veux seulement devenir le mari de Boudr-oul-Boudour, la merveille d'entre toutes les merveilles. — O mon fils, tais-toi ! Enlève cette idée de ta tête. Tu es mon fils et mon sang et mon amour, et je ne pense

1. Beau, la beauté.

qu'à toi. Mon bonheur le plus grand serait de te trouver une femme. Mais tu n'as ni terre, ni jardin, ni marchandises, ni métier. Tu n'as pas même les moyens de faire vivre une femme. Et tu veux m'envoyer demander pour toi la fille du roi de toute la Chine, du plus grand, du plus puissant roi de la terre! Comment oserai-je me présenter à lui? Le roi est bon. C'est vrai, mon enfant. Il ne renvoie jamais quelqu'un, et ne refuse jamais un présent. Mais, qu'as-tu à lui donner? »

Aladin se soulève[1] alors sur un bras et dit : « Ma mère, tu as raison, et j'ai déjà pensé à cela. Mais tu ne sais pas tout. Je suis riche... Oui, ma mère, jamais notre roi n'a vu des pierres pareilles à celles du jardin souterrain. J'en suis sûr; depuis des mois je vais chaque jour au marché. Mère, lève-toi, va chercher un plat dans l'armoire. Je le remplirai de ces pierres. Tu les porteras au roi. Tu attendras. Il te parlera et, alors, tu les lui donneras. »

La vieille femme va chercher le plat. Le jeune homme le prend, et, lentement, adroitement, il place les pierres les unes à côté des autres. Enfin, il a fini et sa mère regarde. Les pierres ne brillent pas. Elles lancent des éclairs, des éclairs blancs, rouges, verts, bleus, jaunes. La vieille femme ne peut regarder longtemps. Elle doit baisser les yeux.

« Tu as vu, maintenant, lui dit Aladin, la beauté de ces pierres. Le roi t'en remerciera. Tu n'as plus qu'à les porter au palais. — J'essaierai, répond-elle. Mais, comment demander sa fille à un roi! » Longtemps, longtemps, Aladin répète à sa mère : « N'aie pas peur.

1. Se lever sur.

Le roi ne te posera pas de questions. Il regardera les pierres et il ne pensera plus à rien d'autre. » La pauvre femme finit par le croire. « Surtout, remarque-t-il alors, fais bien attention de ne pas parler de la lampe. On nous la prendrait et nous perdrions tout. — Ne crains rien », répond-elle.

Le lendemain matin, elle met ses plus beaux vêtements, prend le plat et les pierres, les enveloppe dans un grand mouchoir, sort de la maison et monte au palais. La route est longue. De rue en rue, enfin elle arrive. Les soldats la laissent passer. Elle entre dans la salle du conseil. Elle avance, se place devant tout le monde et attend, les yeux baissés... Le roi arrive au milieu de ses soldats, suivi de ses ministres. Il s'assied. Au-dessous du roi, devant une table, un homme lit quelque chose dans un livre. Des gens avancent les uns après les autres. Le roi les écoute, puis rend sa justice.

Le temps passe. Le jour baisse. La nuit vient. Alors, le roi se lève. Ses ministres et ses soldats l'entourent de nouveau. Ils sortent. La mère d'Aladin reste seule avec quelques pauvres gens. Elle doit rentrer chez elle.

A ce moment, le jour se lève et Chéhérazade se tait.

13. DANS TROIS MOIS

La six cent treizième nuit tombe. Le roi Chariar demande à la jeune femme de continuer. « Avec amour et joie », répond-elle.

Aladin est triste, et sa mère est plus triste encore. Elle retourne chaque jour au palais, et chaque jour se place devant le roi, son paquet à la main. Elle attend, les yeux baissés, ne dit rien et n'a pas le courage d'avancer. Tout un mois passe ainsi. Mais un soir, pendant le dîner, le roi dit à son premier ministre : « Depuis quelque temps je remarque une vieille femme dans la salle du conseil. Elle tient quelque chose contre elle. Que veut-elle ? — O roi, répond le ministre, elle a dû perdre quelque chose, ou s'être fait voler, ou encore son mari l'a battue et elle vient se plaindre à vous. — Peut-être ; mais la prochaine fois, fais-la avancer. Je veux savoir. »

Le lendemain, la mère d'Aladin vient au palais comme d'habitude et, comme d'habitude, elle se place en face du roi. Celui-ci l'aperçoit et dit à son ministre : « Hier, je t'ai parlé d'une femme. La voilà debout devant moi. » Le ministre la fait avancer. La pauvre femme tombe à genoux. « O femme, lui dit le roi, depuis quelque temps je te vois debout devant moi. Que veux-tu ? Dis-le moi. Justice te sera rendue. » La mère d'Aladin se jette à genoux une deuxième fois, puis répond : « O roi du Temps, c'est vrai, j'ai quelque chose à te demander ; mais d'abord, promets-moi de pardonner ma demande[1]. J'ai peur de parler devant tant de gens. — Parle », reprend le roi avec bonté. Et il donne ordre à tous de sortir. Le premier ministre seul reste auprès de lui. La pauvre femme appelle alors Dieu à son aide, puis, elle dit comment son fils a osé regarder Boudr-oul-Boudour à l'entrée du bain. « Depuis ce jour, ô roi, la vie a été bien dure pour lui. Il aime ta fille et il veut que je la demande en mariage. Je n'ai pas pu le faire changer d'avis. Il me répète que la jeune fille doit devenir sa femme ou qu'il mourra. Pardonne-moi, pardonne-lui. »

Le roi se met à rire. Puis il demande avec bonté : « Que portes-tu dans ce mouchoir ? » La vieille femme pose le paquet devant le roi, ouvre, et toutes les lampes de la salle semblent s'éteindre. Les pierres brillent comme autant de soleils. Le roi ferme les yeux. Il ne peut parler à la vue de tant de beauté. Enfin, il revient à lui et s'écrie : « Jamais jusqu'à ce jour je n'ai vu des pierres aussi grosses. Pas une de celles de mon trésor n'est aussi belle. » Puis il se tourne vers son premier ministre et lui demande : « Qu'en dis-tu ? — Maître, jamais je n'ai rêvé à des pierres pareilles. C'est vrai, toutes celles de votre trésor ne valent pas une de celles-là. — Alors, ô ministre, le jeune Aladin ne doit-il pas devenir mon fils ? »

Depuis des années, le roi a promis de donner Boudr-oul-Boudour au fils du ministre, et ce fils aime la jeune fille... Aussi le pauvre homme répond tristement : « O roi du Temps, je ne vous demande qu'une chose : laissez-moi chercher un présent encore plus beau que celui-ci. »

1. Demander, une demande.

Le roi sait qu'aucun homme sur terre, même un fils de roi, ne peut trouver des pierres aussi belles. Mais il veut plaire à son vieux ministre; il dit : « O mère d'Aladin, tu peux retourner auprès de ton fils. Ma fille sera à lui, je le promets. Mais le mariage ne pourra avoir lieu que dans trois mois. Il faut le temps de tout préparer. Dis-lui d'attendre tranquillement. »

Alors, la pauvre femme lève les bras au ciel, crie sa joie et demande à Dieu une longue vie pour le roi, puis, elle sort du palais et court vers sa maison. Aladin la voit arriver. Elle a le sourire aux lèvres. Il est plus tôt que d'habitude. Elle n'a pas le plat à la main. Il comprend qu'elle apporte de bonnes nouvelles et il court à elle. « Merci, mère, lui dit-il; une fois de plus, je te dois tout. Tu m'as sauvé de la mort. Personne au monde n'est maintenant plus heureux que moi. »

A ce moment, le jour se lève et Chéhérazade se tait.

14. LE MARIAGE DE BOUDR-OUL-BOUDOUR

La six cent quatorzième nuit tombe. Le roi Chariar demande à la jeune femme de continuer. « Avec amour et joie », répond-elle.

Deux mois passent. Aladin attend tranquillement. Mais, un soir, sa mère va au marché acheter de l'huile. Elle trouve toutes les boutiques fermées et toute la ville couverte de drapeaux. Des fleurs, des branches et des tissus de toutes les couleurs décorent les murs. Des soldats passent. Leurs chevaux sont couverts d'argent et de soieries rouges et vertes. Des lumières brillent au coin de toutes les rues, aux fenêtres de toutes les maisons.

La mère d'Aladin s'émerveille. Elle s'arrête à la boutique d'un marchand d'huile, restée ouverte, et demande : « Que se passe-t-il? Pourquoi toute cette joie? Pourquoi toutes ces décorations? Pourquoi tant de soldats et de si beaux chevaux? — Tu dois être étrangère à cette ville, répond le marchand. — Non, je suis d'ici. — Tu es de cette ville et tu ne sais pas que cette nuit même Boudr-oul-Boudour, la fille du roi, se marie avec le fils du premier ministre! Il est au bain, et ces soldats vont le conduire au palais. »

La pauvre femme n'en demande pas plus. Elle court à sa maison. « Mon fils, crie-t-elle à Aladin, tu vas avoir bien de la peine. Le roi m'a menti. Boudr-oul-Boudour et le fils du premier ministre se marient cette nuit. Toute la ville est décorée pour la fête. Tout est perdu. Mais ne pleure pas. Tu seras quand même bien heureux plus tard. »

Aladin apprend cette nouvelle et la fièvre monte en lui. Son sang frappe dans sa tête à grands coups. Il reste un moment silencieux[1]. Mais il pense à la lampe merveilleuse et bien vite reprend courage. Il se tourne vers sa mère et dit tranquillement : « Mère, crois-moi, le fils du premier ministre va être bien puni. N'aie peur de rien, lève-toi et prépare notre repas. »

Après dîner, Aladin s'enferme dans sa chambre. Il prend la lampe, la frotte. L'Esprit paraît et dit : « Ton esclave est entre tes mains. Parle! Que veux-tu? Je suis le serviteur du maître de la lampe. — Écoute bien, répond Aladin. Le roi m'a promis sa fille. Mais il la marie aujourd'hui même au fils de son premier ministre. Ce soir, les jeunes gens monteront dans leur chambre. Tu les enlèveras et tu les apporteras ici. — J'écoute et j'obéis, dit l'Esprit. As-tu encore d'autres ordres à me donner? — C'est tout pour le moment. »

L'Esprit disparaît. Aladin retourne auprès de sa mère. Mais, bientôt, il se lève et revient dans sa chambre, ferme la porte, prend la lampe et la frotte... Du bruit! de la fumée!... et voilà l'Esprit! Il tient dans ses bras les deux jeunes gens. Aladin lui montre le fils du ministre et lui dit : « Porte ce jeune inutile[2] dans les cabinets. »

Aussitôt dit, aussitôt fait; le jeune homme a la tête dans le trou. Il ne peut ni remuer ni même crier. Et de nouveau l'Esprit est devant Aladin : « Maître, que veux-tu encore? — Reviens demain matin. Tu les ramèneras[3] tous deux au palais. — J'écoute et j'obéis », répond l'Esprit comme d'habitude, et il disparaît.

1. Silence, silencieux. — 2. Contraire de utile. — 3. Amener de nouveau.

Alors, Aladin se tourne vers Boudr-oul-Boudour et lui dit : « O merveille des merveilles, tu es ici plus libre que dans le palais de ton père. Je ne veux que ton bonheur. C'est à moi, et non à ce jeune fils de ministre, que tu dois être mariée un jour. »

Boudr-oul-Boudour ne comprend rien à ses paroles ; et puis elle a toujours vécu dans le merveilleux palais de son père. Elle regarde avec étonnement la pauvre et sombre chambre d'Aladin. Elle a peur, ne peut pas dormir, et passe la plus mauvaise nuit de sa vie. Le fils du ministre est encore moins bien placé que la jeune fille. Il a le sang à la tête, respire mal et n'ose remuer.

Aladin, lui, s'est couché à côté du lit. Il est heureux et il s'est endormi tout de suite. Au matin, l'Esprit le réveille et lui demande des ordres : « Ramène-les tous deux chez eux, répond-il. En un moment, les deux jeunes gens disparaissent et se retrouvent dans la chambre du palais. Ils ne savent ni pourquoi ni comment. Ils entendent quelqu'un frapper à la porte. Seul le roi peut venir à cette heure-là. Le fils du ministre saute du lit et court dans la pièce à côté se laver la figure.

A ce moment, le jour se lève et Chéhérazade se tait.

15. MIEUX VAUT MOURIR

La six cent quinzième nuit tombe. Le roi Chariar demande à la jeune femme de continuer. « Avec amour et joie », répond-elle.

Le roi va à sa fille, lui dit bonjour, l'embrasse et lui demande des nouvelles de son jeune mari. Boudr-oul-Boudour ne répond pas. Ses yeux sont tristes et pleins de colère.

Le roi la quitte. Il va se plaindre à la reine. Celle-ci lui répond : « O grand roi, les jeunes femmes sont toutes les mêmes. Excuse ta fille et bientôt elle redeviendra gaie et aimable[1]. Laisse-moi la voir. » Elle se lève, met sa robe, entre chez sa fille, lui dit bonjour et l'embrasse. Boudr-oul-Boudour ne lui répond pas. « Que s'est-il passé, se demande la reine ? Je ne comprends pas. » Alors elle dit à haute voix : « Ma chère fille, explique-moi : Tu devrais être gaie et tu es triste. Je te parle et tu ne réponds pas. — Pardonne-moi, ma mère, dit alors Boudr-oul-Boudour; mais cette nuit a été la plus mauvaise de toutes celles de ma vie. »

La pauvre enfant raconte ses malheurs. « Ce matin, ajoute-t-elle, je me suis retrouvée ici. C'est alors que le roi, mon père, est entré et que j'ai refusé de répondre à ses questions. O ma mère, demande-lui de me pardonner. — Ma fille, lui dit la reine, tu as bien fait de ne pas parler de tout cela à ton père. N'en dis rien à personne; on te prendrait pour une folle. Allons, lève-toi et ne pense plus à de pareilles choses. Oublie les mauvais rêves de la nuit. »

1. Aimer, aimable.

La reine appelle alors les femmes de Boudr-oul-Boudour. Elle leur demande d'aider la jeune femme à s'habiller. Puis, elle va retrouver le roi. « Tout va bien, lui dit-elle. Il ne faut pas s'occuper d'une jeune mariée. »

Tout le jour la fête continue. Comme le palais est beau! Des tissus d'or pendent aux murs. Les tables portent les plus belles fleurs du monde. Des tapis[1] rares couvrent le sol. Toute la beauté des jardins entre par les portes et les fenêtres. Des musiciens[2] jouent derrière les arbres. Des danseurs[3] sautent sur l'herbe verte, dans le soleil clair. Rien de cela ne fait oublier ses malheurs à Boudr-oul-Boudour. Elle regarde toute chose d'un air triste. Le fils du premier ministre, de son côté, n'est pas gai. Mais il ne dit rien. La reine lui demande les raisons de sa tristesse[4] et il lui répond : « Madame, pourquoi me posez-vous une pareille question? »

De loin, Aladin regarde les chanteurs, les danseurs, les soldats et les musiciens. « Eh bien! pense-t-il, je vais être obligé de recommencer cette nuit. » Il rentre chez lui, dîne tranquillement, prend la lampe, la frotte et donne des ordres à l'Esprit.

Dans la nuit, l'Esprit arrive avec les deux jeunes gens. Le fils du ministre reste toute la nuit au même endroit. Boudr-oul-Boudour dort encore dans le lit d'Aladin et le jeune homme sur le tapis. Le lendemain, l'Esprit revient, tire le fils du ministre de son trou, Boudr-oul-Boudour de son lit, et les remporte[5] dans le palais.

Le roi et la reine arrivent. Ils veulent embrasser leur

1. Tissu de laine, se place sur le sol dans les chambres. — 2. La musique, le musicien. — 3. Danser, un danseur. — 4. Triste, la tristesse, tristement. — 5. Les ramène dans le palais.

fille, mais elle tourne la tête. Ils veulent parler au jeune marié. Il est de nouveau sorti. Boudr-oul-Boudour refuse de répondre à leurs questions. « Voyons ma fille, dit la reine; moi aussi j'ai été mariée comme toi et avant toi. Je n'ai pas pleuré. » La pauvre enfant dit alors : « Dieu me pardonne de n'avoir pas répondu tout de suite à mon père et à ma mère. Mais il m'est arrivé encore des choses terribles. Mieux vaut mourir. » Alors, elle cache son visage dans ses mains et se met à pleurer.

A ce moment, le jour se lève et Chéhérazade se tait.

16. LE CONSEIL DU MINISTRE

La six cent seizième nuit tombe. Le roi Chariar demande à la jeune femme de continuer. « Avec amour et joie », répond-elle.

La reine retrouve la parole la première, mais elle ne sait que répéter : « Les choses se passent toujours ainsi les premières nuits. Seulement, il ne faut pas en parler. »

Le roi, lui, entre dans une grande colère : « Tu mens! crie-t-il. Dis la vérité tout de suite ou je vais te tuer! » La pauvre fille a peur; mais le roi est bon, et elle sait comment il faut lui parler. « O père bien-aimé, dit-elle alors, ma mère ne veut pas me croire, mais toi, tu me croiras, tu me plaindras, tu me défendras. Je n'ai que toi. Toi seul peux me sauver. »

Le roi se penche alors vers sa fille, l'embrasse, s'assied à côté d'elle, passe sa main dans ses cheveux et sur ses joues douces. « Ne pleure plus, mon enfant, dit-il. Ne pleure plus et raconte-moi tout. » Boudr-oul-Boudour, la tête sur les genoux de son père, recommence l'histoire de ses malheurs.

Le roi aime sa fille. Il partage sa peine. Ses yeux se mouillent. « C'est moi, remarque-t-il, c'est moi la cause de ton malheur, moi qui t'ai mariée à ce fils de ministre, à ce garçon sans courage. Oui, en vérité, ton mari ne sait pas te défendre. J'ai voulu ton bonheur par ce mariage et non pas ta mort. O Boudr-oul-Boudour, ma fille bien-aimée, n'aie plus peur. Je vais voir tout de suite mon premier ministre et son bon à rien[1] de fils! »

Le roi est de nouveau très en colère. Il marche de long

1. Inutile.

en large, remue bras et tête, parle, crie, donne des ordres, puis sort de la chambre.

On va chercher le premier ministre. Le roi l'aperçoit de loin et recommence tout de suite à crier : « Où est ton fils, ce bon à rien ? Où est-il ? Que t'a-t-il dit ? Tu ne sais même pas où il est ? — O roi, répond le ministre, je ne sais pas de quoi vous voulez parler. Je ne comprends pas votre colère. Mon fils ne m'a rien dit. Permettez-moi donc de l'appeler et de lui parler. Je pourrai vous répondre ensuite. — Va le chercher et reviens tout de suite ! »

Le ministre sort, la tête basse. Il cherche son fils et le trouve au bain. « Mauvais fils, lui dit-il, très en colère à son tour. Pourquoi m'as-tu caché la vérité ? Parle ou c'est aujourd'hui ton dernier jour ! » Le jeune homme baisse la tête et raconte ses malheurs, et pourquoi sa jeune femme ne veut plus lui parler. Le père pose de nouvelles questions. Le fils répond. Il finit ainsi : « Je préfère la mort à une telle vie. Va trouver le roi ; dis-le lui. Il comprendra et reprendra sa fille. C'est le seul moyen pour moi d'être de nouveau tranquille. Je veux pouvoir, comme tout le monde, dormir dans un lit. »

Le père ne peut le faire changer d'avis, et, bien tristement, il vient retrouver le roi. « Qu'as-tu à me dire, lui demande celui-ci ? — Votre fille a dit la vérité, la triste vérité, répond le ministre. Mais la faute n'est pas à mon fils. Il n'a rien vu, rien entendu. Il a eu affaire à plus fort que lui, à plus fort qu'un homme. C'est pourquoi, ô toi le plus grand des rois, je te prie de lui pardonner, et de le laisser revenir près de moi. — Tu as raison, décide le roi. Ton fils devrait mourir. Mais je t'aime et ne le punirai pas. Allons ! arrête les fêtes. »

Le fils du ministre quitte le palais et le roi l'envoie gouverner le nord du pays. Des bruits de toutes sortes courent alors la ville. On se demande les raisons du départ du jeune homme. Personne ne les sait; mais chacun croit les savoir. Aladin écoute et sourit. Il est le plus heureux des hommes. « O merveilleuse lampe! pense-t-il, tout mon bonheur vient de toi. Il n'y a plus maintenant qu'à attendre tranquillement. »

A la fin des trois mois, prévus d'abord pour son mariage avec Boudr-oul-Boudour, il demande à sa mère de retourner voir le roi. Le roi la voit, la reconnaît, et se rappelle en même temps sa demande et les trois mois prévus. Il lui fait donner l'ordre d'avancer. La vieille femme se jette à ses pieds. Le roi lui dit de se relever et de parler. « Sire, répond-elle, les trois mois sont écoulés. Je viens vous le rappeler. »

La colère monte au visage du roi. Mais il ne sait que répondre. Aussi il se tourne vers son ministre et lui demande conseil. Celui-ci lui parle longtemps à l'oreille. Peu à peu un sourire revient sur les lèvres du roi. Il dit enfin : « Femme, les rois doivent tenir leur parole, et je suis prêt à rendre ton fils heureux. Mais je dois penser d'abord à ma fille. Celle-ci ne peut être mariée qu'à un homme riche. Écoute bien! Ton fils devra m'envoyer quarante plats d'or remplis jusqu'aux bords de pierres rares. Ces quarante plats devront être apportés par quarante esclaves blanches, jeunes et belles. Quarante esclaves noirs, jeunes, forts et grands les conduiront. J'ai dit : voilà ma simple demande, ô femme. Va. J'attendrai la réponse de ton fils... »

A ce moment, le jour se lève et Chéhérazade se tait.

17. LES ESCLAVES

La six cent dix-septième nuit tombe. Le roi Chariar demande à la jeune femme de continuer. « Avec amour et joie », répond-elle.

La mère d'Aladin salue de nouveau jusqu'à terre, puis reprend le chemin de sa maison. Elle rit en elle-même des idées de son fils. « Vraiment, pense-t-elle, où trouvera-t-il tant de plats d'or et assez de pierres de couleur? Pourra-t-il retourner dans le souterrain? Et tous ces esclaves, où les prendra-t-il? »

Elle arrive chez elle et dit à Aladin : « Mon fils, je te conseille de ne plus penser à la fille du roi. Celui-ci m'a reçue avec beaucoup de bonté, et je crois qu'il a de l'amitié[1] pour toi; mais le premier ministre lui a encore parlé à l'oreille. » La pauvre femme répète les paroles du roi. Elle finit ainsi : « Le roi attend ta réponse; mais je crois qu'il attendra longtemps. La porte du souterrain est retombée. Le jardin t'est fermé. Malheureux enfant, il te faut oublier Boudr-oul-Boudour! — Mère, répond Aladin, le roi n'attendra pas longtemps. Ses demandes sont peu de chose. Boudr-oul-Boudour n'a pas de prix. Ne sois pas triste. Tu ne m'apportes pas une mauvaise nouvelle. Laisse-moi. Sors acheter notre dîner. Moi, pendant ce temps, je ferai le nécessaire. »

La mère va au marché, et Aladin s'enferme dans sa chambre. Il prend la lampe et la frotte. Aussitôt l'Esprit paraît, salue et dit : « Je suis le serviteur de la lampe, ton esclave entre tes mains. Me voici! Parle! Que veux-tu? Je suis prêt à te servir. — O Esprit, répond Aladin, le roi me donne sa fille, la merveille d'entre les mer-

1. Un ami, une amitié.

veilles. Mais, d'abord, il me demande quarante plats d'or, grands et lourds, pleins jusqu'aux bords de fruits de pierre pareils à ceux du jardin souterrain. Quarante esclaves blanches et quarante esclaves noirs devront porter ces plats. Va, et amène-les au plus tôt. — J'écoute et j'obéis », répond l'Esprit.

Il est bientôt revenu. Derrière lui, suivent les esclaves blanches et les esclaves noirs, chargés chacun d'un plat d'or. Des pierres plus merveilleuses, plus belles et plus grosses encore que celles du jardin souterrain, brillent à l'intérieur de chaque plat.

La mère d'Aladin entre alors. Elle s'arrête à la porte de la maison et se frotte les yeux. Elle ne peut en croire sa vue. « Mère, lui dit son fils, il n'y a pas de temps à perdre. Bientôt le roi va quitter la salle du conseil. Il te faut partir tout de suite au palais avec ces esclaves. Vois! ils portent les plats et les pierres demandés pour prix de Boudr-oul-Boudour. Le roi verra par ton retour[1] rapide, aujourd'hui, combien je suis pressé et combien je veux lui plaire. »

Dans la rue, les gens voient sortir de la maison d'Aladin un premier groupe d'esclaves. Ils regardent. Le deuxième groupe les fait s'arrêter. Au troisième, ils poussent des cris. Bientôt, des hommes et des femmes arrivent de tout le marché. Jamais ils n'ont vu tant d'esclaves et de tels plats d'or. Chaque groupe est une merveille : beauté blanche des femmes, beauté noire des hommes, éclairs de l'or et des pierreries, feux des yeux et des pierres dans les ceintures, des fils d'or dans les cheveux. Le peuple crie : « Un fils de roi arrive! »

1. Retourner, un retour.

Les voilà à la porte du palais! Les soldats de garde et les portiers[1] aperçoivent le premier groupe. Ils sont émerveillés! Ils n'arrêtent pas les esclaves, mais les saluent. Le chef des gardes[2] se jette à terre, embrasse le bas de la robe du premier venu et n'ose regarder les suivants.

« Je ne suis et nous ne sommes, lui dit le Noir, que des esclaves. Notre maître viendra après nous. » Il parle, n'attend pas la réponse, et passe la porte, suivi de la première jeune fille, puis de tous les autres et de toutes les autres. Bientôt les quatre-vingts esclaves sont dans la première cour, puis dans la deuxième.

Le roi voit arriver cette rivière de beauté. Les esclaves avancent deux par deux. Ils se rangent devant lui avec lenteur[3]. Les jeunes filles, aidées par les beaux Noirs, posent devant elles les grands plats. Puis, d'un seul

1. La porte, le portier. 2. Garder, un garde. 3. Lent, la lenteur.

mouvement, les quatre-vingts esclaves se jettent à terre. Bien vite, ils se relèvent et tous à la fois découvrent les plats débordant[1] de leurs fruits merveilleux. Les bras sur la poitrine, ils restent debout, les yeux baissés.

La mère d'Aladin vient la dernière. Elle avance au milieu des quarante groupes. Elle aussi salue le roi. Puis elle se relève et dit : « O roi du Temps, ton esclave, mon fils Aladin, m'envoie avec le prix de Boudr-oul-Boudour, ta fille. Tout cela est peu de chose à côté de la merveille qu'elle est. Tu devras l'en excuser. »

Ainsi parle la mère d'Aladin. Mais le roi ne comprend pas ce qu'elle dit tant il est étonné. Ses yeux vont des quarante tas de pierreries aux quarante jeunes filles, des quarante jeunes filles aux quarante Noirs. Il ne sait pas ce qui est le plus beau des pierres, les plus belles jamais vues sur terre, des esclaves, couleur de lune, ou des Noirs pareils à des rois. Il reste ainsi longtemps. Il ne peut pas parler ni s'arrêter de regarder tant de merveilles. Enfin, il dit à haute voix : « Que sont mes richesses ? Que devient mon palais devant tant de merveilles ? Que devons-nous penser de l'homme qui peut en moins d'une heure nous les envoyer ? Qu'est la beauté de ma fille elle-même devant tant de beauté ? » Puis il se tourne vers ses ministres, les gardes et les soldats. Il les regarde dans les yeux et leur demande leur avis. Tous répondent oui et se jettent à terre par trois fois.

A ce moment, le jour se lève et Chéhérazade se tait.

1. Au-dessus du bord.

18. LE PALAIS DE BOUDR-OUL-BOUDOUR

La six cent dix-huitième nuit tombe. Le roi Chariar demande à la jeune femme de continuer. « Avec amour et joie », répond-elle.

Le roi demande Aladin. Celui-ci appelle l'Esprit, et l'Esprit lui apporte un habit et un cheval couvert d'or. Aladin met l'habit et monte le cheval. Devant lui et derrière lui, vingt jeunes esclaves blanches aux robes tissées d'or et d'argent avancent. Autour d'elles, marchent de grands soldats à l'air terrible. Chacun d'eux porte au cou un sac plein de mille pièces d'or.

Aladin sort. Bien vite, tous les habitants de la ville sont dans la rue. Les têtes des femmes et des enfants se tendent aux fenêtres et aux portes. Les soldats lancent des pièces d'or. Elles jettent dans l'air un nuage jaune. Les gens les ramassent, puis crient leur joie. Aladin, lui, ne ressemble plus au mauvais garçon d'autrefois. Son visage est tranquille, sérieux et beau. La lampe semble l'éclairer intérieurement. Personne ne le reconnaît. Lentement, dans son habit de lumière, sur son grand cheval, il avance vers le palais.

Le roi le reçoit et lui parle avec bonté. Il lui offre le thé, puis, il fait appeler le premier juge de la ville, et, tout de suite, le mariage d'Aladin et de Boudr-oul-Boudour est écrit sur le grand livre de la loi. « Mon fils, te voilà marié. Veux-tu voir ta femme? lui demande le roi. — Ce serait mon plus grand bonheur, répond Aladin. Mais d'abord je veux construire un palais assez beau pour elle. Il me faut un terrain tout près d'ici. Ainsi votre fille resterait près de vous et je serais moi-même toujours prêt à vous servir. — Prends en face du palais tout le terrain nécessaire. Mais fais vite. — Soyez tranquille, ô roi. Le palais de votre fille sera construit plus vite que vous ne pouvez le penser. »

Il dit, rentre chez lui et appelle l'Esprit. Il lui parle ainsi : « O Esprit, je te dis merci d'abord de ton aide passée. Mais, pour l'amour de la lampe, ta maîtresse, je vais te demander quelque chose de plus difficile encore. Le plus rapidement possible, construis, en face du palais du roi, un palais plus beau encore pour sa fille. A une merveille, donne une autre merveille. Travaille comme tu le veux ; mais emploie la pierre la plus dure. Sculpte-la avec soin. Au milieu des salons et des pièces de toutes sortes, construis un toit de verre porté par des murs d'argent et d'or. Les fenêtres du grand salon devront être au nombre de quatre-vingt-quatre. Comprends-moi et reviens. »

Le soleil vient de se coucher. Une grande lumière verte et rouge est encore posée sur les choses. Aladin s'endort. Il se réveille au lever du jour. L'Esprit est devant lui. « Maître, dit-il, le palais est prêt. Viens voir, et tu seras content. » Il enlève Aladin et lui fait faire le tour de son nouveau palais. Les murs sont sculptés comme une forêt. Les toits ont la couleur du ciel après la pluie. Les tours pointues brillent plus haut encore d'une lumière d'or. Des esclaves saluent à toutes les portes. Dans le souterrain, les sacs d'or et d'argent forment des tas bien rangés jusqu'au plafond. Dans les cours, les plus beaux et les plus rapides chevaux du monde attendent. Les magasins sont remplis de toutes les provisions nécessaires.

Aladin traverse tout le palais, d'appartement en appartement et de pièce en pièce, depuis le haut jusqu'en bas. Puis il s'arrête dans le salon aux quatre-vingt-quatre fenêtres, regarde dans le jardin et dit : « Esprit, on ne peut être plus content que je ne le suis. Jamais homme n'a rien rêvé d'aussi beau. Mais je dois te faire remarquer une chose : il n'y a pas de tapis, de la porte du palais du roi à celui que tu viens de construire. Boudr-oul-Boudour ne peut pas marcher dans la poussière. »

Nous sommes à l'heure où les hommes s'éveillent, où les serviteurs commencent le travail du jour. Les portiers du palais du roi ouvrent la lourde porte, regardent et se frottent les yeux. Ils croient rêver. Devant eux, le grand terrain couvert d'herbes a disparu. A sa place, un palais brille sous le soleil. Un tapis épais, couleur de rose, traverse un jardin étonnant, au milieu des fleurs. Partout l'eau coule.

Les portiers appellent les cuisiniers[1], les cuisiniers les magasiniers[2], les magasiniers les esclaves, les esclaves les soldats, les soldats leurs chefs. Les chefs demandent

1. La cuisine, le cuisinier. — 2. Le magasin, le magasinier.

des ordres. Bientôt le premier ministre lui-même est réveillé. Il ne veut pas croire ce qu'on lui dit. Il se lève très en colère et marche jusqu'à la fenêtre. Là, devant lui, il n'y a pas de doute, il voit un palais... Il court chez le roi et lui dit : « Le jeune Aladin n'est pas un homme comme les autres. Tout cela ne me dit rien de bon. — Ministre, répond le roi, je ne vois pas pourquoi tu parles ainsi. Rien ne m'étonne d'Aladin. Ne m'a-t-il pas envoyé quatre-vingts plats des pierres les plus rares sur terre? Tu penses à ton fils, et tu n'aimes pas ce jeune homme. Je te le pardonne. »

La nuit tombe. C'est l'heure pour Boudr-oul-Boudour de quitter la maison de son père, la maison qu'elle aime. Elle embrasse le roi, sa mère et pleure. Elle part enfin. La mère d'Aladin est à sa gauche. Cent jeunes filles, habillées comme des reines, la suivent. Des musiciens l'entourent. Quatre cents jeunes esclaves portent des lampes. Le peuple crie sa joie.

Aladin attend devant le palais, au milieu de ses gardes, de ses esclaves et de ses musiciens. Il avance vers la jeune femme. Il sourit. Boudr-oul-Boudour trouve son mari beau et aimable. Elle sourit aussi. Aladin lui prend la main et l'emmène dans le salon au toit de verre. Un repas est déjà servi. Les plats sont d'or et les verres d'argent. Des musiciens jouent dans les pièces à côté. Des danseuses entrent, vêtues comme des fleurs, légères comme des oiseaux. Aladin et sa mère servent la jeune femme. Elle mange. Elle boit. Elle regarde. Elle écoute. Elle est émerveillée et plus heureuse qu'aucune femme ne l'a jamais été, ne le sera jamais.

A ce moment, le jour se lève et Chéhérazade se tait.

19. LE CARRÉ ET LE SABLE

La six cent dix-neuvième nuit tombe. Le roi Chariar demande à la jeune femme de continuer. « Avec amour et joie », répond-elle.

Aladin n'est pas changé par sa nouvelle vie. Il reste simple. Il va voir les ministres; mais plus souvent encore, les pauvres gens. Il s'arrête chez eux. Il sait dire les mots qu'ils attendent, ceux qui, dans le malheur, rendent courage. Des esclaves le suivent à la chasse et lancent des pièces d'or à son passage[1] dans les villages. Il est donc connu et aimé autant des habitants des campagnes que de ceux de la ville. Il est aussi courageux[2] qu'il est bon. Des ennemis marchent contre l'armée du roi. Il prend le commandement[3] de celle-ci, bat l'ennemi rapidement, et le roi apprend à la fois son retour et son bonheur. Boudr-oul-Boudour aime chaque jour plus Aladin. Elle est heureuse près de lui, triste à son départ. Il est souvent plus aimé du peuple que le roi lui-même, et le roi en est content.

Plusieurs années passent ainsi. Mais, au fond de l'Afrique, un derviche, notre derviche, pense jour et nuit à sa pauvreté[4] et à sa faiblesse[5]. Il est sûr de la mort d'Aladin. Un soir, quand même, il se demande comment l'enfant est mort. Il veut le voir devant lui et rire de son mal. Il tire une boîte de son armoire et de la boîte, un carré. Il s'assied sur le sol et met le carré devant lui.

1. Passer, passage. — 2. Courage, courageux. — 3. Commander, le commandement. — 4. Pauvre, la pauvreté. — 5. Faible, la faiblesse.

Il prépare du sable, en prend dans sa main, en jette sur le carré et sur des dessins le long du carré. Il sépare les gros grains des petits, puis demande dans une langue connue de lui seul : « Dis-moi, ô sable, dis-moi, ce qu'est devenue la lampe merveilleuse, et comment Aladin, ce fils de chien, est mort. » En même temps, il remue le sable à petits coups du petit doigt de la main gauche. L'histoire d'une vie, celle d'Aladin, se dessine : Ciel! Aladin n'est pas mort dans le souterrain. Il en est sorti et il se sert de la lampe. Elle l'a rendu riche, heureux, aimé, fils de roi.

Du sang, comme un feu brûlant, monte au visage du derviche. Les mots les plus durs sortent de sa bouche. « Je crache sur ta figure, ô fils de chien, ô fils de chat, ô cochon, crie-t-il. Je crache sur tes yeux, sur ton nez, sur ta bouche. Je... Je... Ah! continue-t-il, tu crois, tu crois, fils de tailleur aux jambes maigres, que j'ai travaillé tant de nuits, tant de jours pour toi. Tu te trompes. Je ne veux pas voir ton bonheur. J'en mourrais. » Il dit et se lève. Au petit jour, le lendemain, il est à cheval.

De ville en ville, de pays en pays, le derviche avance vers la Chine. Il ne s'arrête jamais. Jour et nuit, il pense à la lampe et aux meilleurs moyens de la reprendre. Enfin, au loin, voilà les murs de Kolokotsé, et, tout en haut de la ville, un grand palais. Il va droit vers lui, arrive aux murs et il en fait le tour. Il se demande où peut être la lampe. Si Aladin la porte toujours sur lui il sera difficile de la lui enlever. S'il la laisse dans le palais, alors il sera plus facile de se la faire donner. Le derviche rentre dans sa chambre, prend le carré et le sable. Bien vite il sait la vérité : la lampe est dans le palais d'Aladin. « J'aurai cette lampe, dit-il à voix haute. Aladin ne pourra m'empêcher de la lui enlever. » Il retourne au palais et parle à un des portiers. Aladin est parti à la chasse et il ne sera pas de retour avant une semaine. L'Africain ne cherche pas à en savoir plus. Il quitte le portier. « C'est le moment, se dit-il, dépêchons-nous », et il entre dans la boutique d'un marchand de lampes. « Pouvez-vous m'en vendre douze en cuivre, bien brillantes », demande-t-il? Le marchand n'en a que sept, mais il pourra facilement en trouver cinq autres.

Le derviche revient le lendemain. Les lampes sont prêtes. Elles brillent toutes. Il les prend, et ne discute pas le prix demandé. Il les met dans un panier, qu'il a apporté, et, ce panier au bras, il va vers le palais d'Aladin. Arrivé près des portes, il crie : « Qui veut changer de vieilles lampes pour des neuves ? Qui veut changer ?... Qui veut ?... » Les enfants s'arrêtent de jouer. Les passants se retournent et rient. « C'est un fou », disent-ils.

Le derviche ne s'occupe pas plus des remarques des grandes personnes que des cris des enfants. Il continue à aller et à venir en poussant son cri : « Qui veut changer de vieilles lampes pour des neuves ? » Boudr-oul-Boudour l'entend de son salon merveilleux. Elle ne comprend pas bien à cause des cris et des rires des enfants de plus en plus nombreux. Aussi elle envoie une de ses esclaves demander la cause de tout ce bruit.

A ce moment, le jour se lève et Chéhérazade se tait.

20. LE DERVICHE ET LA LAMPE

a six cent vingtième nuit tombe. Le roi Chariar demande à la jeune femme de continuer. « Avec amour et joie », répond-elle.

L'esclave n'est pas longue à revenir. Elle rit de si bon cœur que Boudr-oul-Boudour ne peut s'empêcher de rire elle-même. « Eh bien! gentille fille, demande-t-elle, veux-tu me dire pourquoi tu ris? — Maîtresse, répond l'esclave, comment ne pas rire? Il y a en bas un fou, avec un panier au bras, plein de belles lampes toutes neuves. Il demande non pas à les vendre, mais à les changer contre des vieilles. Des enfants l'entourent et se moquent. Ils sont nombreux, et le vieil homme avance avec peine. C'est eux que vous entendez crier. »

A ce moment, une autre esclave s'avance et dit : « De vieilles lampes? J'en connais une. Je l'ai trouvée dans la chambre de notre maître. Elle était tombée sous de vieux habits. Je l'ai prise et l'ai rangée. Est-ce que je peux aller la chercher? On pourrait la changer à ce vieux fou. Notre maître, à son retour, sera bien content de trouver une lampe neuve. »

La lampe est la lampe d'Aladin, celle qu'il a ramenée du souterrain, celle qui lui a donné la richesse, qui lui a permis de devenir le mari bien-aimé de la fille du roi. Avant de partir à la chasse, il l'a cachée, comme d'habitude, dans le fond d'une armoire sous des habits. Il connaît mal les femmes.

Boudr-oul-Boudour n'a jamais remarqué cette lampe, et jamais Aladin ne lui en a parlé. Elle trouve bonne l'idée de sa servante et dit : « Les hommes ne font pas toujours, il est vrai, ce qu'ils disent. Portons la vieille lampe à ce derviche et nous allons bien voir s'il nous en donne une neuve. »

La lampe est remise à un esclave. Celui-ci descend, sort, et appelle le derviche. « Donne-moi, lui dit-il, une lampe neuve et prends celle-ci. » Le derviche est sûr que c'est la lampe qu'il cherche. On ne peut pas trouver une autre vieille chose dans le palais d'Aladin, où tout est neuf, où tout est or ou argent. Le sang se retire de son visage. Il devient blanc, et le chef des gardes qui a suivi l'esclave croit qu'il va tomber. « Qu'as-tu ? lui demande-t-il. Es-tu malade, ou trouves-tu cette lampe trop vieille et n'en veux-tu pas ? »

Le derviche se jette sur la lampe et la fait disparaître sous sa robe; puis, tranquille maintenant, il tend son panier aux deux hommes et dit : « Prenez celle que vous préférez. » L'esclave choisit la lampe la plus brillante et il la porte à sa maîtresse.

L'Africain quitte la place entre les deux palais, prend de petites rues et arrive à une des portes de la ville. Les enfants le suivent quelque temps. Mais ils se fatiguent vite et le laissent aller. L'homme marche maintenant dans la campagne. A la nuit, il arrive au pied d'un arbre, loin de tout lieu habité. Alors, il s'assied et tire la lampe de sous sa robe. Il la frotte... Du bruit ! de la fumée !... Et l'Esprit est devant lui, haut, large, lourd, terrible. « Que veux-tu ? demande-t-il. Me voilà prêt à t'obéir. Je suis le serviteur de la lampe, ton esclave entre tes mains. Parle !... »

Le lendemain à son réveil, le père de Boudr-oul-Boudour ouvre comme d'habitude la fenêtre de sa chambre. A la place du palais de sa fille, il ne voit qu'un terrain couvert d'herbes. Il se frotte les yeux. Il regarde de nouveau; mais il ne voit rien de plus que la première fois. Pourtant le ciel est clair et la lumière du jour déjà forte. Le roi change de fenêtre. Il va à celle de droite, puis à celle de gauche... toujours pas de palais ! Il revient à la fenêtre centrale et il reste longtemps, les yeux tournés du côté où il voyait chaque jour le palais. Il cherche à comprendre comment une construction[1] aussi large, aussi haute, a pu disparaître. « Je ne me trompe pas, répète-t-il en lui-même : il était là hier. » Il regarde encore, mais le palais ne repousse pas. Alors il crie à ses esclaves : « Appelez-moi le premier ministre, tout de suite ! »

Celui-ci ne se fait pas attendre. « Sire, dit-il, ce palais construit en une nuit m'a toujours paru ne rien valoir de bon; mais vous n'avez jamais voulu m'écouter. » Le roi ne répond pas à son ministre et il entre dans une grande colère. Il se jette à terre. Il se roule sur le sol. De ses mains il tire les poils de sa barbe et crie : « Le palais a disparu. Où est ma fille ? Où est Aladin, ce fils de chien ? Je vais lui faire couper la tête ! Allons ! amenez-le ! — Il est à la chasse, répond le premier ministre. Il y a quelques jours, il est venu vous prévenir de son départ. Il faut lui demander où est son palais. Il doit le savoir. — Amenez-le-moi, ce menteur et ce voleur[2], ordonne[3] le roi. Attachez-lui les mains derrière le dos et attachez-le lui-même derrière un cheval. »

A ce moment, le jour se lève et Chéhérazade se tait.

1. Construire, une construction. — 2. Voler, un voleur. — 3. Donner un ordre.

21. LE DÉSESPOIR D'ALADIN

La six cent vingt-et-unième nuit tombe. Le roi Chariar demande à la jeune femme de continuer. « Avec amour et joie », répond-elle.

A la porte de la ville, des passants voient arriver Aladin, la corde au cou. Ils pensent que le roi veut sa mort. Mais tout le monde l'aime. Aussi, les uns prennent des armes et les autres ramassent des pierres. Bientôt ils sont des centaines, des milliers. Ils suivent les gardes, et ceux-ci ont beaucoup de peine à rentrer au palais.

Dans la cour, Aladin est conduit devant la fenêtre de la chambre du roi. Il veut parler; mais le roi refuse de l'écouter et donne l'ordre de le tuer. On enlève la corde de son cou. On le fait mettre à genoux. On passe un mouchoir autour de sa tête, devant ses yeux. Déjà une arme de mort tourne au-dessus de lui. Mais des cris terribles se font entendre. Le peuple a repoussé les soldats. Des centaines d'hommes sautent les murs. Ils courent vers Aladin.

Le roi prend peur. Il donne des ordres. Le mouchoir est enlevé, la corde coupée. Aladin est libre. Mais le roi le fait appeler et lui dit : « Retrouve ma fille. Ramène-la-moi, ou bien, au bout de quarante jours, je te ferai pendre. Rien ne pourra te sauver. Il sera inutile de chercher à te cacher. »

Aladin sort du palais, les yeux baissés. Son visage est triste. Même ceux qu'il a le plus souvent aidés ne viennent pas lui parler. Il ne sait plus ce qu'il fait. A tous il demande : « N'avez-vous pas vu ma maison? Je la cherche. Donnez-m'en des nouvelles. » On le croit fou. Certains rient.

Pendant trois jours, Aladin va ainsi de rue en rue. Il ne mange pas, ne dort pas. Enfin, il sort de la ville et marche dans la campagne. Il va droit devant lui le long de petits chemins ou à travers les champs. Un soir, il arrive devant une rivière. Il s'assied au bord de l'eau et se demande : « Où irai-je chercher mon palais et ma reine? En quelle ville, en quel pays, en quelle partie du monde les trouverai-je? Jamais je ne réussirai. Mieux vaut me tuer. »

Déjà il se penche vers l'eau; mais il se rappelle qu'il doit se préparer à paraître devant Dieu. Il se regarde et trouve qu'il est sale. Il se lave d'abord les mains et le visage. Son pied se prend entre deux pierres. Il tombe, mais il ne veut pas être emporté tout de suite par l'eau, et il se retient à une pierre. Ses doigts la frottent. L'anneau que le derviche lui a donné dans le souterrain jette un éclair et le premier Esprit paraît : « Ton esclave est entre tes mains, dit-il. Parle. Que veux-tu? Je suis le serviteur de la pierre et du métal. »

Aladin, d'abord, ne sait que répondre. Depuis des années il a oublié cet Esprit, et il n'a gardé cet anneau que pour sa beauté. Mais, bien vite, il retrouve la parole. « Sauve-moi, sauve-moi la vie, dit-il. Rapporte mon palais. — Je ne peux pas faire ce que tu demandes, répond le serviteur de la pierre et du métal. Je ne suis l'esclave que de la pierre. Demande au serviteur de la lampe. — Mais ne peux-tu m'emmener là où se trouve mon palais ? — Je le peux. — Alors, amène-moi devant les fenêtres de Boudr-oul-Boudour, ma femme. »

Il n'a pas fini de parler qu'il se trouve en Afrique, au milieu d'une prairie, devant une maison. La nuit est noire; mais Aladin reconnaît l'appartement de sa femme. Rien ne remue. Tout est tranquille et silencieux. Le jeune homme s'assied sous un arbre. Pour la première fois depuis plusieurs semaines il se sent heureux. Il remercie Dieu de son bonheur. Puis, fatigué par tant de jours sans sommeil, il s'endort.

Le lendemain, des oiseaux s'envolent des branches, au-dessus de lui. Ils le réveillent. Le palais, blanc et or, est devant lui dans toute sa beauté. Aladin le regarde et croit le voir pour la première fois. Il pense à Boudr-oul-Boudour et saute sur ses pieds...

Boudr-oul-Boudour, elle, a passé ses journées à pleurer. Elle n'a mangé ni bu. Le derviche est venu la voir chaque jour; mais, à chaque fois, elle lui a parlé durement, et le méchant homme n'a pas encore osé venir habiter le palais. Ce matin-là, elle se réveille tôt. Une de ses femmes ouvre la fenêtre et lui dit : « O maîtresse, le soleil se lève. Venez voir comme la lumière est douce, comme les feuilles des arbres sont fraîches, comme... Mon Dieu! notre maître, Aladin, là, sous l'arbre! Il avance! Il marche! Venez! Venez! »

Boudr-oul-Boudour, d'un seul mouvement, est à la fenêtre. Aladin entend du bruit. Il lève la tête et voit les deux femmes. Son cœur bat. Boudr-oul-Boudour lui dit : « Ma servante descend t'ouvrir la petite porte. Ainsi, personne ne te verra. Monte sans peur. Le derviche n'est pas là. »

La porte s'ouvre. Aladin monte. Boudr-oul-Boudour tombe dans ses bras. Ils ne peuvent parler tant ils sont heureux. Ils s'embrassent. Enfin ils s'assoient : « O Boudr-oul-Boudour, dit Aladin à sa femme, dis-moi d'abord où tu as mis ma vieille lampe? Je l'ai laissée dans l'armoire de notre chambre sous des habits, avant de partir à la chasse. »

Alors, Boudr-oul-Boudour raconte à Aladin comment elle a changé la vieille lampe pour une neuve, comment le palais a été transporté[1] au cours de la nuit suivante, comment le lendemain matin elle s'est trouvée dans un pays inconnu, comment le derviche, changeur[2] de lampes, lui a appris que ce pays était l'Afrique. « Dis-moi vite ce qu'il a fait de la lampe, où il la met. — Il la porte toujours sur lui. Il me la montre souvent. Il te fera mourir, dit-il, si mon père ne te tue pas. O Aladin! chaque jour, il me demande de ne plus penser à toi et de devenir sa femme. Alors, je pleure, et il s'en va. Il croit avoir le temps d'attendre. — Il n'attendra plus longtemps. »

A ce moment, le jour se lève et Chéhérazade se tait.

1. Porté plus loin. — 2. Changer, changeur.

22. LA FIN DU DERVICHE

La six cent vingt-deuxième nuit tombe. Le roi Chariar demande à la jeune femme de continuer. « Avec amour et joie », répond-elle.

Aladin court à la ville voisine. Il entre dans une pharmacie, puis en sort un petit paquet à la main. Il revient au palais. « Amie, dit-il à Boudr-oul-Boudour, ce que je vais te demander ne va sans doute pas te plaire; mais il faudra suivre mon conseil. » Il lui parle longtemps à l'oreille, puis il va se cacher dans le jardin.

Boudr-oul-Boudour reste seule. Elle appelle ses femmes et s'habille. Elle peigne ses longs cheveux noirs et met sa robe et sa ceinture les plus riches. A son cou, à ses bras, sur sa poitrine, elle attache ses plus belles pierreries. Elle se regarde dans une glace et demande à ses femmes si elles la trouvent jolie. « La lune, lui répond sa première servante, est moins belle. Tu pourrais lui dire : « Va-t'en, je prends ta place. » — Si j'étais toi, répond une autre, je dirais à l'oiseau-chanteur : « Silence, je vais chanter. » Entre ses femmes, que sa beauté sans pareille émerveille, Boudr-oul-Boudour sourit, s'assied et attend.

Le derviche vient à l'heure habituelle. La fille du roi le voit entrer. Elle se lève, et, d'un mouvement de la main, lui montre une place à côté d'elle. L'homme ne sait que penser. Il refuse d'abord, puis obéit. Boudr-oul-Boudour lui dit alors : « Vous vous étonnez sans doute de me voir gaie et aimable aujourd'hui. Mais, la nuit dernière, je n'ai pas dormi et j'ai compris beaucoup de choses. Je connais mon père, et je suis sûre qu'Aladin est mort. Alors, à quoi sert de le pleurer ? Je suis décidée à l'oublier. C'est pourquoi j'ai fait préparer ce soir un grand dîner. Mais je n'ai que du vin de Chine, et j'ai envie de boire du vin d'Afrique. Pourriez-vous m'en apporter ? »

Le derviche, tout heureux de ce changement de façons, répond que le vin d'Afrique est au moins aussi bon que celui de Chine. « Permettez-moi, ajoute-t-il, d'aller en prendre deux bouteilles dans ma cave. Je serai bientôt de retour. — Allez donc les chercher, mais revenez rapidement. J'ai faim et nous nous mettrons à table à votre retour. » Le derviche court chercher son vin et il revient bien vite; mais Boudr-oul-Boudour a eu le temps de jeter elle-même le produit, apporté de la ville par Aladin, dans un verre de vin de Chine. Elle a posé celui-ci sur une table derrière la place où le derviche va s'asseoir.

Ils mangent, puis Boudr-oul-Boudour se fait apporter le verre de vin préparé. « Je ne sais, dit-elle, comment on fait chez vous. Chez nous, en Chine, nous changeons de verre et ainsi nous buvons à la santé l'un de l'autre. Buvez donc ce vin ! » En même temps elle présente au derviche le verre de vin de Chine préparé et en prend un d'Afrique.

Tout se passe comme Aladin l'a prévu. Le derviche prend le verre des mains de Boudr-oul-Boudour. « Vous autres Chinois, dit-il, vous êtes nos maîtres en art et en politesse[1]. Jamais je n'oublierai votre gentillesse[2]. O fille de roi, aucun vin ne vaut le sourire de vos yeux. Je... » Boudr-oul-Boudour trouve qu'il parle trop. « Buvons,

1. Poli, la politesse. — 2. Gentil, la gentillesse.

buvons, dit-elle. Vous reprendrez après ce que vous voulez dire. » En même temps elle touche le verre de vin d'Afrique de ses lèvres. Le derviche ne veut pas être en retard sur elle. Il jette la tête en arrière, vide son verre de vin chinois et ne laisse pas même une goutte. Alors, il regarde Boudr-oul-Boudour. Sa tête penche. Ses yeux tournent, deviennent blancs. Il tombe sur le dos et meurt..

Dans son palais, le vieux roi pense à sa fille bien-aimée. Il ne dort plus. Jour et nuit il pleure et regarde vers le palais disparu. Un matin, il va comme d'habitude à sa fenêtre. Le soleil n'est pas encore levé; mais il fait déjà clair. Que voit-il! Là, devant lui, sur la place, haut, large, brillant d'or et d'argent : un palais! Il croit d'abord rêver. Il regarde avec attention. Il ne se trompe pas. C'est un palais, le palais d'Aladin. « Mon cheval! Vite, mon cheval! » crie-t-il. On le lui amène. Il le monte. Il part. Il n'ira jamais assez vite.

Aladin et Boudr-oul-Boudour le voient arriver. Aladin l'aide à mettre pied à terre. Le père et la fille tombent dans les bras l'un de l'autre. « Mon père, lui dit Boudr-oul-Boudour, tout ce qui est arrivé est la faute d'un Africain. Heureusement Aladin, mon mari bien-aimé, l'a tué. — O mon fils, répond le roi, excuse ma colère au nom de mon amour pour ta femme, ma fille. Pour un cheveu d'elle je donnerai, tu le sais, mon palais, ma ville et mon pays. »

Des crieurs sont envoyés en ville : des fêtes sont préparées. Du blé, de l'argent, de l'or, sont donnés au peuple. Aladin est sauvé pour la deuxième fois de la mort. Dieu est grand! Mais va-t-il le sauver une troisième fois?

A ce moment, le jour se lève et Chéhérazade se tait.

23. L'ŒUF DE ROKH

La six cent vingt-troisième nuit tombe. Le roi Chariar demande à la jeune femme de continuer. « Avec amour et joie », répond-elle.

Le derviche avait un frère, aussi intelligent et plus méchant encore que lui. Ils ne vivaient pas toujours ensemble. Mais, chaque année, ils se donnaient de leurs nouvelles avec l'aide du carré et du sable. Peu de temps après la mort de notre derviche, son frère prend sa boîte, son carré et son sable, et demande comment va son frère... Il apprend sa mort par la faute d'un fils de tailleur, marié à la fille du roi de Chine. Tout de suite il se décide : il trouvera cet homme et le tuera. Il se prépare dans la nuit et, le lendemain, il est à cheval. Il traverse plaines, rivières, montagnes, et, sans jamais s'arrêter, arrive à Kolokotsé.

Là, il entend parler d'une vieille femme. Elle se trouve depuis peu de temps dans la ville, mais on en dit déjà beaucoup de bien. Elle aide. Elle soigne. Elle guérit. Tout le monde veut la voir et la recevoir... A la nuit, le derviche entre chez elle, la tue, prend ses habits, son voile et son bâton, attend le jour et sort. Bientôt des passants viennent à lui. Les uns portent ses mains à leurs lèvres, d'autres le bas de sa robe, d'autres enfin se mettent à genoux et demandent qu'il pose ses mains sur leur tête. Le derviche se laisse faire et tout le monde le prend pour la vieille Fatima elle-même. Il arrive devant le palais. Il y a de plus en plus de gens autour de lui. Le bruit en vient jusqu'à l'appartement de Boudr-oul-Boudour. Celle-ci a entendu parler de la vieille femme. Elle la fait appeler. « Ma bonne mère, lui dit-elle, je vais vous demander une chose. Ne me la refusez pas : c'est de vivre auprès de moi quelques jours. Vous me raconterez votre vie. J'apprendrai ainsi de vous, et par vos bons exemples, comment je dois servir Dieu. »

La vieille refuse d'abord, puis finit par se laisser faire. Boudr-oul-Boudour lui montre une à une les chambres de son palais. Elle lui demande ce qu'elle pense du salon aux quatre-vingt-quatre fenêtres. « Il est très beau, répond la vieille; mais pardonnez-moi de vous dire la vérité. Il manque quelque chose au centre, sous le toit de verre. Je vous donne un conseil, pour votre bonheur : pendez-y un œuf de « rokh[1] ». Alors, dans le monde, ce salon n'aura pas son pareil, et votre vie sera changée. — Mon palais sera sans pareil! Ma vie sera changée! Mais, qu'est donc cet oiseau et quel est le pouvoir de son œuf? — C'est un oiseau d'une grandeur[2] inconnue. Ses ailes sont

1. « Rokh » n'est pas un mot français. — 2. Grand, grandeur.

blanches. Il vole très haut dans le ciel. On ne peut le voir. C'est par lui que Dieu a fait paraître la vie. De son œuf vient la vie même. — Et où en trouverai-je un? — Sur les plus hautes montagnes. »

Boudr-oul-Boudour la remercie de son conseil. Elle pense tout le jour à cet oiseau, et, quand Aladin rentre de la chasse, elle ne se montre pas aussi heureuse que d'habitude. Aladin lui en demande la raison. « Ce n'est rien de sérieux, répond-elle, et je ne pensais pas que vous vous en apercevriez. Voilà : j'ai cru jusqu'à ce jour avec vous que notre salon aux quatre-vingt-quatre fenêtres était le plus beau du monde. Mais, ce matin, j'ai trouvé qu'il y manquait quelque chose : un œuf de « rokh » au milieu du toit de verre. — Amie, répond Aladin, si vous le croyez, je le crois aussi. Bien vite, je vais chercher un œuf pareil; je veux vous plaire. »

Aladin quitte Boudr-oul-Boudour, monte au salon et appelle l'Esprit. « Serviteur de la lampe, lui dit-il, il manque quelque chose à ce salon. Au nom de la lampe, ta maîtresse, je te donne l'ordre d'apporter un œuf de « rokh ».

Aladin n'a pas fini de parler que l'Esprit pousse un cri terrible. Il frappe le sol des pieds. Il roule à terre. Les murs tremblent, et Aladin est sur le point de tomber. « Quoi! fils de chien, enfant des rues, menteur et voleur, crie l'Esprit d'une voix terrible. Quoi! ce n'est pas assez que les serviteurs de la lampe et moi, leur chef, t'ayons plu en tout. Tu veux, maintenant, le fils de mon maître et le pendre au-dessus de ta tête, sous ce toit. Je vais te mettre en poussière, toi, ta femme et ton palais. Je vais... Mais, non, je sais bien qu'une demande pareille ne vient pas de toi, mais du frère du derviche africain, ton ennemi. Il est dans ce palais sous la robe d'une sainte vieille femme, appelée Fatima. C'est lui qui a donné cette idée à ta femme. Il veut te tuer. » L'Esprit disparaît alors avec un grand bruit.

Les terribles paroles sonnent dans la tête d'Aladin, et le jeune homme reste un moment sans mouvement. Il pense au derviche, à sa femme aux grands yeux clairs. Il comprend tout. Alors il avance vers le salon aux quatre-vingts fenêtres. « Ma tête! ma tête, dit-il en entrant. J'ai mal! »... Déjà, Boudr-oul-Boudour est près de lui. Déjà, une main longue et fraîche passe sur son front. Déjà, il entend dire : « Te sens-tu mieux, bien-aimé? — Non, répond-il. — Alors j'appelle la sainte Fatima. Justement, elle est ici. Je te raconterai. »

Bien vite, elle est de retour. Une vieille femme la suit : « Venez ma bonne mère, dit Aladin. Je suis bien content de vous voir. J'ai mal à la tête. Vous allez me guérir. » En disant ces mots, il se penche et présente sa tête.

La vieille femme avance. Elle met la main sur une arme qu'elle porte dans une poche sous sa robe. Elle va frapper... Mais, plus rapide qu'elle, Aladin lui prend la main et la tue. « Qu'avez-vous fait? Qu'avez-vous fait, mon mari! crie Boudr-oul-Boudour. Vous avez tué la bonne Fatima! — Non, ma femme, répond Aladin, je n'ai tué encore une fois qu'un ennemi. Voyez! » Il ôte au derviche son voile et montre sa longue barbe. « Voyez! dit-il, c'est un homme. Il a tué lui-même Fatima. C'est le frère du derviche africain. — O mon mari, s'écrie Boudr-oul-Boudour, c'est la deuxième fois que je te place en danger de mort, moi qui t'aime tant. — Tes yeux sont grands et doux, bien-aimée, répond

Aladin, et je ne veux pas qu'ils pleurent. » Il prend Boudr-oul-Boudour dans ses bras, il l'embrasse et lui répète son amour.

Aladin et Boudr-oul-Boudour continuent ainsi de s'aimer et la vie coule, heureuse et sans autre danger... A la mort du roi, Aladin prend sa place et commande avec plus de justice encore. Il est aimé de tous et vivra jusqu'au jour, où, à son tour, la mort le frappera.

A ce moment, le jour se lève et Chéhérazade se tait. Le roi Chariar la regarde et lui demande si elle est arrivée à la fin de ses histoires. « A la fin de mes histoires, sire! dit-elle. Cela n'est pas possible. Le nombre en est si grand que je ne peux les compter. Ma seule peur, c'est de vous fatiguer. Mais vous ne l'êtes pas, et je vous dirai, la nuit prochaine, une histoire plus belle que toutes celles que vous avez entendues jusqu'ici. — Je ne te ferai pas tuer aujourd'hui, répond le roi, et nous verrons ce soir ce que tu as encore à me raconter. — Avec amour et joie », répond Chéhérazade.

QUI CHERCHE TROUVE

Abréviations : prés. = *présent*; fut. = *futur*; p. prés. = *participe présent*; p. pas. = *participe passé*; inf. = *infinitif*; imp. = *imparfait*.

A et **à :** Attention à l'accent!
— a (sans accent) = *avoir.*
Aladin a une lampe.
— à (avec accent) = préposition.
Aladin parle à sa mère.

Air (**avoir l'air**) **:** *paraître, sembler.*
Tu as l'air heureux, Aladin
= *Tu parais heureux, Aladin.*

Aller + infinitif = futur prochain.
Elle va répondre = Elle répondra bientôt, dans très peu de temps.

S'en aller : *partir.*
Il s'en va = il p rt.

Aperçu, e, s : p. pas. *apercevoir.*

Appris, e, s : p. pas. *apprendre.*

Assied, s : prés. *asseoir.*

Assis, e, s : p. pas. *asseoir.*

Aur-ai, -as, -a : fut. *avoir.*

Aussi :
La mère d'Aladin pleure elle aussi
= La mère d'Aladin pleure de même.

Aussi... que : voir **Que.**

Battu e, s, : p. pas. *battre.*

Bu, e, s : p. pas. *boire.*

Buv-ons, -ez : prés. et imp. de *boire.*

Buv-ais, -ait, -ions, etc. : imp. *boire.*

Buv-ant : p. prés. *boire.*

C'EST; C'EST... QUI; C'EST... QUE

Remarquez : *Aladin est le fils de mon frère.* se dit : ***C'est** le fils de mon frère.* — *Dieu t'a **tiré** des mains du derviche.* se dit : ***C'est** Dieu **qui** t'a **tiré** des mains du derviche.* — *Au rose de ses joues, les jardins prennent leurs couleurs,* se dit : ***C'est** au rose de ses joues **que** les jardins prennent leurs couleurs.*

Comme :

Des enfants comme lui = pareils à lui.

Comme il est beau = il est très beau.

Compris, e, s : p. pas. *comprendre.*

Connu, e, s : p. pas. *connaître.*

Côté : à côté de = *tout près de.*

Cousu, e, s = p. pas. *coudre.*

Couvert, e, s = p. pas. *couvrir.*

De :
Une fille raconte de belles histoires (ou des belles histoires).
Aladin a du courage.
*Aladin **n'a** pas **de** courage.*

Deviens, deviendrai, etc. : *devenir.*

Devoir + infinitif = probabilité.
Elle a dû perdre
= Il semble qu'elle a perdu...

Devr-ai, -as, -a, -ons : fut. *devoir.*

Dois, doit, doivent : prés. *devoir.*

Dû, due, s : p. pas. *devoir.*

EN

PRÉPOSITION : *il y a* **en** *Chine une vieille ville* = **dans** la Chine.
PRONOM : *On apporte* **des robes**; *on* **en** *apporte.*
Le derviche demande une **robe**; *on* **en** *apporte une.*
Il met la main à la ceinture, il **en** *tire deux pierres noires* = il tire deux pierres noires **de sa ceinture**.
Aladin n'est plus dans le souterrain, il **en** *est sorti* = il est sorti **du souterrain**.

Enverr-ai, -as, -a, etc. : fut. *envoyer.*

Fais-ons, faites : prés. *faire.*
Fais-ais, -ait, -ions, etc. : imp. *faire.*
Fais-ant : p. prés. *faire.*
Faire :
Faire une maison = construire.
Il ne fait rien = il ne travaille pas.
Il fait clair s'il y a de la lumière.
Faudra : fut. *falloir.*
Faut : prés. *falloir.*
Fer-ai, -as, -a, etc. : fut. *faire.*

Ir-ai, -as, -a, etc. : fut. *aller.*

La, le, les : articles (devant un nom ou un adjectif).
Les enfants; les beaux enfants.
La, le, les : pronom (devant ou après un verbe).
Aladin a une **bague**, *il* **la** *porte. Regardez-***la**.
Leur, leurs : adjectif (devant un nom ou un adjectif).
Aladin touche les tissus;
il apprend leurs noms, leurs prix (le nom, le prix de ces tissus).
Leur : pronom (devant un verbe).
La reine demande **aux femmes** *d'aider sa fille :* elle **leur** demande d'aider sa fille.
Lu, e, s : p. pas. *lire.*

Même : voir **Quand même.**
Mettre :
Se mettre à + inf. = *commencer.*
La mère d'Aladin se met à frotter.
Meurs, meurt, etc. : prés. *mourir.*
Mis, e, s : p. pas. *mettre.*
Moins... que : voir **Que.**

NE

Ne + (verbe) + plus :
Aladin **n'a plus** *peur de personne :* il a eu peur, il n'a plus peur maintenant.
Ne + (verbe) + personne :
il **n'***aime* **personne** *:* ni son père, ni sa mère, ni son frère, etc.
il **ne** *répond à* **personne** *:* ni à sa sœur, ni à ses amis, etc.
Ne + (verbe) + que = *seulement.*
Il **ne** *peut* **que** *montrer à son fils :* il peut seulement montrer à son fils.
Ne + (verbe) + rien :
Elle **n'***a* **rien** *à raconter* = pas une seule histoire.

Né, e, s : p. pas. *naître.*

Ou et **Où** : Attention à l'accent!
— Ou (sans accent) = conjonction.
Tu vas me donner cette lampe ou mourir.
— Où (avec accent) : pronom.
Où habite ta mère?
(A quel endroit?)
Aladin est né à Kolokotzé.
Kolokotzé, la ***ville où*** *Aladin est né.*

Ouvert, e, s : p. pas. *ouvrir.*

Passer :
On passe par une ville
= on traverse une ville.
Il se passe quelque chose
= quelque chose arrive, il y a quelque chose en ce moment.

Permis, e, s : p. pas. *permettre.*
Personne : voir **Ne... personne.**
Peux, peut, peuvent : prés. *pouvoir.*
Plu : p. pas. *plaire.*
Plus : voir **Ne... que.**
pourr-ai, -as, -a, etc. : fut. *pouvoir.*
Pris, e, s : p. pas. *prendre.*
Promis, e, s : p. pas. *promettre.*
Pu : p. pas. *pouvoir.*

Quand même :
Boudr-oul-Boudour ne sera pas ta femme, mais tu seras heureux
= *tu seras heureux quand même.*

QUE

PRONOM : *Aladin, qu'as-tu à donner au roi?* (Quelles choses as-tu à donner)?

CONJONCTION : *La mère d'Aladin croit* ***que*** *son fils a perdu la raison.* (Elle croit : « Mon fils a perdu la raison. »)
Le roi est ***plus*** *riche* ***qu'****Aladin — Aladin est moins riche que le roi.*
Aladin sera ***aussi*** *riche* ***que*** *Charriar.*
Aladin aime ***autant*** *la ville* ***que*** *la campagne :* il aime l'une et l'autre de la même façon.
Aladin est ***si*** *fatigué* ***qu'****il tombe* = il est tellement fatigué, il ne peut pas rester debout, il tombe.

(Voir aussi **Ne... que**)

Reconnu, e, s : p. pas. *reconnaître.*
Reçu, e, s : p. pas. *recevoir.*
Remis, e, s : p. pas. *remettre.*
Rendu, e, s : p. pas. *rendre.*
Repris, e, s : p. pas. *reprendre.*
Revu, e, s : p. pas. *revoir.*
Rien : voir **Ne... rien.**

Sachant : p. prés. *savoir.*
S' : *se* ou *si* (devant une voyelle).
Sais, sait : prés. *savoir.*
Sau-rai, -ras, etc. : fut. *savoir.*
Su : p. pas. *savoir.*
Si : interrogatif.
Elle demande à ses femmes si elles la trouvent jolie = Elle demande à ses femmes : « Me trouvez-vous jolie? »
— adverbe (voir **Si... que**).
Il fait un temps si beau = *tellement beau.*
— conjonction (condition).
Si Aladin porte la lampe, il sera difficile de la prendre.

Tait, tais-ons, -ez, -ent : prés. *taire.*
Tant : *tellement, en grand nombre.*
Tendu, e, s : p. pas. *tendre.*
Tiens, t : prés. *tenir.*

TOUT

ADJECTIF **(tout, toute, tous, toutes).**
Toutes les jolies filles d'Ispahan mourront : alors il restera seulement les filles laides.

PRONOM : **(tout, toute, tous, toutes).**
*Elles sont **toutes** mortes* = *Charriar les a **toutes** tuées.*

Tout à fait : *l'Esprit est **tout à fait** noir* = il est très, très noir;

Tout de suite : *Aladin, dis la vérité **tout de suite*** = sans attendre;

Tout d'un coup : *l'Esprit paraît **tout d'un coup*** = en un moment très court, très vite.

Tout le monde : ***tout le monde pense** : « Aladin est fou »* = pas une personne ne le croit raisonnable.

Train : en train de + infinitif :
Je suis en train de lire
= *Je lis en ce moment.*

Vais, vas, va : prés. *aller.*
Valu, e, s : p. pas. *valoir.*
Vaudr-ai, -as, -a, etc. : fut. *valoir.*
Vaux, vaut : prés. *valoir.*
Vécu : p. pas. *vivre.*

Venir de + infinitif : passé récent.
Cet enfant vient d'avoir dix ans
= *Il a eu dix ans depuis peu.*

Veux, veut, veulent : prés. *vouloir.*
Verr-ai, -as, -a : fut. *voir.*
Viens, vient, viennent : prés. *venir.*
Viendr-ai, -as, -a : fut. *venir.*
Vis, vit : prés. *vivre.*
Voudr-ai, -as, -a, etc. : fut. *vouloir.*
Vu : p. pas. *voir.*

Couverture : maquette de Gilles Vuillemard
Gravure : Offterdinger

TABLE DES MATIÈRES

Imprimé en France - IMPRIMERIE HÉRISSEY - Évreux (Eure) — N° 51913
Dépôt légal : N° 8926-08-1990 — Collection N° 01 — Édition N° 30

15/0559/3